DEUTSCHES HYGIENE-MUSEUM DRESDEN

PRESTEL MUSEUMSFÜHRER

PRESTEL
MÜNCHEN·BERLIN·LONDON·NEW YORK

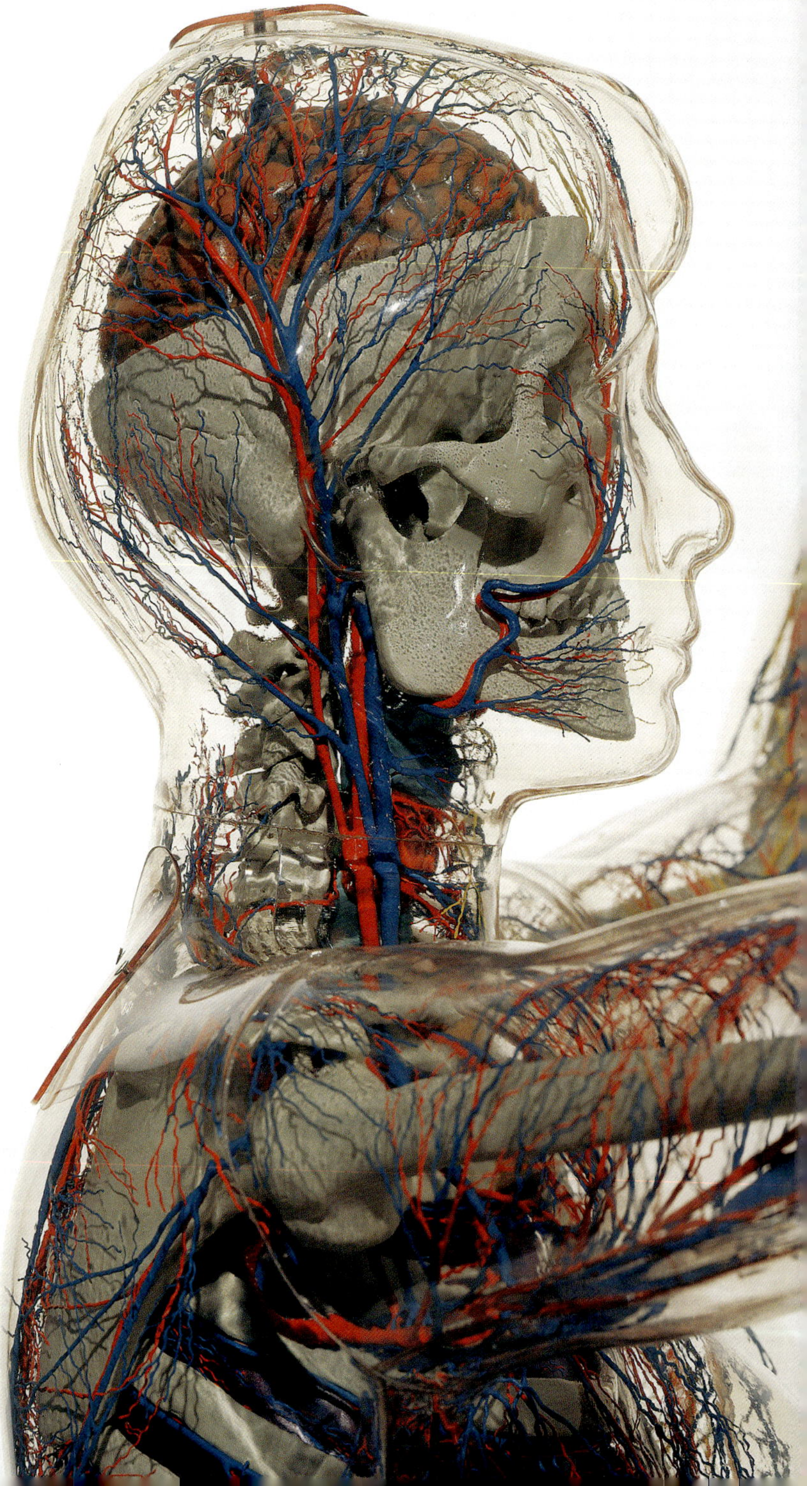

INHALTSVERZEICHNIS

Ludger Boesche
Dresden 2006

VORWORT

Wahrscheinlich gibt es in Deutschland, vielleicht sogar in ganz Europa kaum ein anderes Museum, das einen so irritierenden Namen trägt wie das Deutsche Hygiene-Museum. Zu verstehen ist dieser Traditionsname nur aus der Entstehungszeit des Museums: Zu Beginn des 20. Jahrhunderts war Hygiene nicht nur eine akademische medizinische Disziplin, sondern ein schillernder Überbegriff für einen modernen, zukunfts- und wissenschaftsorientierten Lebensstil. Die Entschlossenheit zur Modernität und zur neugierigen Auseinandersetzung mit der Gegenwart war auch für das Deutsche Hygiene-Museum von Anfang an charakteristisch. Doch was die Kontinuität und die Stärke des Museums ausmachte, war in der Vergangenheit zugleich seine größte Schwäche: Seine permanente Wandlungsfähigkeit führte auch zur Anbiederung an den jeweiligen Zeitgeist – die fatale Anpassung an die Ideologie des Nationalsozialismus hat das am deutlichsten gezeigt.

Auch heute kann die Arbeit des Deutschen Hygiene-Museums für sein Publikum nur dann relevant sein, wenn es sehr nah an den wissenschaftlichen und kulturellen Fragestellungen unserer Zeit agiert. Kritische Distanz zu den historischen Bedingungen, den kulturellen Ausformungen und zivilisatorischen Standards ist aber die Voraussetzung dafür, nicht zum „Durchlauferhitzer" für gesellschaftliche Wunschvorstellungen und zum propagandistischen Sprachrohr zu werden. Darum bleibt der „Gläserne Mensch", das Wahrzeichen des Museums, eine überaus ambivalente Metapher, in der sich der Optimismus der Volksaufklärer mit dem Erlösungswillen der Sozialingenieure trifft. Aus dieser Ambivalenz resultiert eine besondere gesellschaftliche Verantwortung, die mit jeder Aktivität des Museums aufs Neue ernst genommen werden muss.

Dies manifestiert sich nicht nur in den zahlreichen Veranstaltungen und wissenschaftlichen Veröffentlichungen, sondern vor allem auch in den Sonderausstellungen des Museums. Davon werden jährlich mehrere in unterschiedlichen Größen und Ausformungen gezeigt. Die Ausstellungstitel aus der Zeit nach dem konzeptionellen Neubeginn 1990/91 sind aussagekräftig: „Darwin und Darwinismus", „Gen-Welten. Werkstatt Mensch?", „Alt & Jung. Das Abenteuer der Generationen", „Der Neue Mensch. Obsessionen des 20. Jahrhunderts", „Kosmos im Kopf. Gehirn und Denken", „Sex – Vom Wissen und Wünschen", „Die Zehn Gebote". Offensichtlich ist, dass der Mensch stets im Mittelpunkt steht – doch nicht mehr ausschließlich in seiner Körperlichkeit, sondern in seiner Ganzheitlichkeit. Hier liegt wohl der größte Unterschied zum „alten" Hygiene-Museum.

Das „Museum vom Menschen" sieht sich in der humanistischen Tradition verankert. Unser europäisch-christliches Menschenbild wird seit zweihundert Jahren wesentlich von den modernen Wissenschaften vom Menschen geformt – heute gilt es, in ethischer Verantwortung auch Grenzen des wissenschaftlich Machbaren zu erkennen. Der „Gläserne Mensch" stand für eine einseitige medizinisch-technische Perfektionierbarkeit des Menschen. Heute lernen wir, den „(Im-)perfekten Menschen" zu respektieren, wie der Titel einer wichtigen Sonderausstellung lautete.

Das Deutsche Hygiene-Museum ist ein populärwissenschaftliches Forum; das reine Schauen als Form der Aneignung von Wissen kommt daher nie zu kurz. Auch werden kulturhistorische Zusammenhänge, in denen die naturwissenschaftlichen Objekte und Fragestellungen entstanden sind, sichtbar gemacht. Das Haus legt besonderes Gewicht auf die kulturelle Dimension naturwissenschaftlicher Themen – nicht zuletzt dadurch kann hoch spezialisiertes Fachwissen wieder zugänglich gemacht werden.

Schließlich muss in einem Museum wie diesem auch Raum für Anspruchsvolles, Zeitgenössisches und Experimentelles bleiben. Dafür müssen auch ständig ungewöhnliche Formen der Präsentation entwickelt werden.

EMPFANGSHALLE

So changiert das Museum immer zwischen zwei programmatischen Polen: Es ist ein Laboratorium der Gegenwart und zugleich ein Ort ihrer kritischen Reflexion.

Die Arbeit dieses ungewöhnlichen Museums wird durch den besonderen Rechtsstatus einer Stiftung bürgerlichen Rechts gesichert. In geradezu beispielhafter Weise haben sich die einstigen Gründer des Museums wieder zusammengefunden, um Ende der 1990er Jahre dem Museum diese stabile Form zu geben: die Landeshauptstadt Dresden und der Freistaat Sachsen als Stifter und der Bund als signifikanter Förderer. Hinzu kommen die umfassende Förderung durch die DKV Deutsche Krankenversicherung AG im Rahmen einer Public-Private-Partnership sowie durch eine große Zahl weiterer Unternehmen, Stiftungen und Privatpersonen.

Die Direktion und die Mitarbeiter des Deutschen Hygiene-Museums wünschen Ihnen einen angenehmen Aufenthalt.

I. INTERNATIONALE HYGIENE-AUSSTELLUNG 1911: JAPANISCHER PAVILLON

DAS DEUTSCHE HYGIENE-MUSEUM: GEBÄUDE UND GESCHICHTE

Im Mai 1930 eröffnete das Deutsche Hygiene-Museum in Dresden die Pforten seines in zweieinhalbjähriger Bauzeit fertig gestellten Gebäudes, zeitgleich mit der II. Internationalen Hygiene-Ausstellung, die sich weitläufig auf dem Freigelände in Richtung Großer Garten erstreckte. Die Institution „Deutsches Hygiene-Museum“ freilich konnte zu diesem Zeitpunkt schon auf eine fast zwanzig Jahre währende Geschichte zurückblicken.

In der vielgestaltigen „Lebensreform“-Bewegung um 1900 hatte sich die Suche nach gesunden Formen der Ernährung, der Kleidung, des Wohnens und der Körperertüchtigung mit der künstlerischen Avantgarde verschwistert. Dresden, Kunststadt und mit seinen luxuriösen Sanatorien beinahe Kurort, wurde spätestens mit der Errichtung der Gartenstadt Hellerau zu einem der Stützpunkte der neuen Bewegung. Sie fand hier einen ebenso dynamischen wie charismatischen Partner, der alle nötigen Voraussetzungen – Reichtum, mäzenatische und philanthropische Neigungen, unternehmerische Befähigung und ein sicheres Gespür

LINGNER (2.V.R.) IM FAMILIENKREIS, 1899

für den Umgang mit der Öffentlichkeit – in sich vereinigte: Karl August Lingner (1861-1916), der Fabrikant des Mundwassers „Odol“.

„Hygiene“ als gesellschaftliches Anliegen förderte Lingner seit den 1890er Jahren, 1903 bis 1906 auch durch eine in vier Städten gezeigte Hygiene-Ausstellung. Die Krönung dieser Aktivitäten bildete 1911 die I. Internationale Hygiene-Ausstellung in Dresden. Sie war Völkerschau, Vergnügungspark und Hochamt des medizinischen Fortschritts in einem und zog fünfeinhalb Millionen Besucher an. Der große Erfolg ließ nicht nur die Idee einer dauerhaften Institution für Gesundheitsaufklärung in Museumsform entstehen, sondern hinterließ auch einen beträchtlichen Reingewinn zu deren Realisierung. Zum Erbe der Hygiene-Ausstellung von 1911 gehörten überdies eine Reihe von eigens hierzu eingerichteten Werkstätten für anatomische Modelle und anderes Lehrmaterial. Sie begründeten jene einzigartige Einheit aus Museum, wissenschaftlichem Institut und Fabrikationsbetrieb, die bis zur Einstellung der Lehrmittelproduktion 1990 fortbestand und dem Deutschen Hygiene-Museum über schwere Krisenzeiten hinweghalf.
In den 1930er Jahren bestanden die Lehrmittelwerkstätten aus Anatomischer Werkstatt, Zeichensaal, Wachsgießerei, Moulagenmalwerkstatt, Mechanischer Werkstatt, Bildhauerei, Cellonwerkstatt, Fotoatelier und Buchbinderei.

Der Erste Weltkrieg unterbrach alle Planungen für das Museum,

Lingner selbst starb bereits 1916. In den Jahren des kurzfristigen Wirtschaftsbooms 1919/20 wurde ein Wettbewerb für einen naturwissenschaftlichen Museumskomplex am Ostra-Gehege ausgeschrieben, der auch das Deutsche Hygiene-Museum integrieren sollte.

Die wenig später einsetzende Hyperinflation vernichtete das verbliebene Gründungskapital und beendete vorläufig alle konkreten Pläne für die Museumsbauten. Erst mit der Konsolidierung von Währung und Staatshaushalten bekam die Realisierung des Museumsbaus eine neue Chance. An der Dresdner Bürgerwiese konnte Baugrund erworben werden, und auch das Gartengelände hinter dem Sekundogenitur-Palais stand seit dem Ende der Monarchie in Sachsen zur Disposition. Mit der Riesenausstellung GESOLEI („Große Ausstellung für Gesundheitspflege, soziale Fürsorge und Leibesübungen") im Jahr 1926, die das Deutsche Hygiene-Museum entscheidend mit organisiert und bestückt hatte, kam ein neuer Architektenname ins Spiel: Wilhelm Kreis (1873-1954), der den Gesamtplan der Ausstellungsbauten entworfen hatte. Kreis war in Dresden als Architekt und Hochschullehrer kein Unbekannter, er hatte vor dem Ersten Weltkrieg u.a. die Augustusbrücke erneuert. Unter Umgehung eines erneuten Wettbewerbs erhielt er 1926 den Auftrag für das Hygiene-Museum, von dem er auch die Annahme seines Rufes an die Kunstakademie der Elbestadt – als Nachfolger von Heinrich Tessenow – abhängig gemacht hatte.

Kreis' Karriere als Architekt war erstaunlich. Es gelang ihm, sein architektonisches Ausdrucksvermögen erfolgreich vier politischen Systemen und deren bevorzugten Stilen anzupassen: Kaiserreich, Weimarer Republik, „Drittes Reich" und Bundesrepublik. Ein Schüler der Münchner Architekten Friedrich und August von Thiersch, in Dresden Hochschul-Assistent von Paul Wallot, dem Erbauer des Berliner Reichstages, hatte Kreis seine entscheidende Prägung im späten Kaiserreich empfangen, als die Architektur sich aus der Gefälligkeit

WETTBEWERBSENTWURF VON HANS LUCKHARDT, 1920

LUFTAUFNAHME, UM 1930

des Historismus zu lösen begann, ohne den Bruch mit der baukünstlerischen Tradition zu vollziehen.

Seit 1933 gehörte Kreis zu den bevorzugten Architekten des Nationalsozialismus. Er entwarf – neben dem Hygiene-Museum mitsamt einer bedeutenden Erweiterung seiner Gebäude – ein (nicht realisiertes) „Gauforum" sowie das „Luftgaukommando" in Dresden, außerdem Staatsbauten für die geplante Umgestaltung Berlins nach Vorstellungen Hitlers und ab 1941 riesige „Totenburgen" für die von der Wehrmacht eroberten Territorien im Osten Europas. Nach dem Krieg konnte er noch mehrere Geschäftshäuser im Rheinland entwerfen.

Kreis kleidete das Hygiene-Museum in die nüchternen kubischen Formen der Neuen Sachlichkeit. Doch mit dem mächtigen Portikus, den geböschten Quadersockeln an den Flügelbauten und den natursteinernen Fensterrahmen huldigte er zugleich einem klassizistischen Erbe, das ihn dem folgenden Jahrzehnt bereits aufs Eindringlichste empfahl. Den Zeitgenossen war durchaus klar, dass der Verzicht auf Dekor noch lange keine Moderne bedeutete, wie sie etwa das Bauhaus verkörperte. Die kulturkämpferischen Fronten dieser Jahre schimmerten beispielsweise in der zur Einweihung erschienenen Würdigung von Martin Richard Möbius durch, der Kreis zugute hielt, „nicht jenen Konstruktivismus auf die Spitze

BLICK IN EINEN AUSSTELLUNGSRAUM, UM 1930

AUSSTELLUNG „KAMPF DEM KREBS", UM 1930

zu treiben, der die schöpferische Kraft durch rechnenden Intellekt zu ersetzen suchte".

Gleichwohl wurde das Dessauer Bauhaus durch vielfältige Aufträge an der Gestaltung des Gebäudeinneren beteiligt, für das im Wesentlichen der Wiener Stadtbaurat Gottlieb Michael (1886-1970) verantwortlich zeichnete, ein Schüler von Otto Wagner und Freund von Adolf Loos. Insbesondere beim künstlerischen Schmuck zeigte sich das Museum aufgeschlossen gegenüber der künstlerischen Avantgarde. So schuf Otto Dix (1891-1969), der seit 1927 Professor an der Dresdner Akademie war, ein dreiteiliges Wandbild für die Museumsgaststätte an der Stirnseite des großen Innenhofs. Es wurde 1933 von den Nationalsozialisten entfernt.

Noch heute erinnert die Verteilung der Baumassen an eine ruhende Sphinx –vermutlich eine beabsichtigte Wirkung, denn Ödipus' richtige Antwort auf die Rätselfrage des Fabeltiers, welches Wesen sich erst auf vier, dann auf zwei und am Ende auf drei Beinen fortbewege, lautet bekanntlich: der Mensch. Der Mensch und besonders seine in allen Lebensaltern anhaltende Schutz- und Hilfsbedürftigkeit bildeten das Grundthema des Museums. Schon die Anlage der einzelnen Ausstellungsräume im Zustand von 1930 ist dabei von hohem Zeugniswert für die damaligen Ziele der Gesundheitsaufklärung. Von der Eingangshalle führte der Weg der Besucher in einen gesonderten, in den großen Innenhof hineinragenden und dadurch von den umgebenden Ausstellungsgalerien der Hofumbauung bewusst abgelösten Trakt. Er glich einem Mikrokosmos des Museums, bestand er doch ebenfalls aus Ausstellungsräumen, die einen eigenen kleinen Hof umschlossen, den so genannten Schmuckhof. Karl Albikers 1930/32 entstandene Bronzeskulptur der griechischen Göttin „Hygieia" gab ihm eine besondere Note. Der Schmuckhof konnte von der Eingangshalle durch eine – elektrisch versenkbare – Glaswand eingesehen werden. Die anliegenden Räume enthielten die gesamte Abteilung „Der Mensch": die Darstellung seiner Anatomie in Modellen, Röntgen-Bildern, Präparaten und vor allem den „Gläsernen Mann" mit seinen hochgereckten Armen, der magisch erleuchtet dem Apsisrund in der Mittelachse ein sakrales Timbre verlieh.

Dagegen waren die Ausstellungsräume rund um den großen Innenhof Einzelgebieten wie „Menschenkunde", „Fortpflanzung", „Vererbung und Eugenik", „Ernährung", „Hygienische Volkserziehung", „Gesundheit und Krankheit", „Erste Hilfe", „Krankenpflege", „Krebskrankheiten" oder „Parasiten" gewidmet. Mit anderen Worten, die damalige ständige Ausstellung, der noch beide Geschosse zur Verfügung standen, bildete das Anliegen einer alltagspraktischen Gesundheitserziehung mit starker Rückbindung an ein gesellschaftliches Körperkollektiv ab. Besonders in der tempelgleichen Fassade und der weihevollen Apsis für den „Gläsernen Menschen" kündigte sich der Perspektivwechsel an: Vom einzelnen

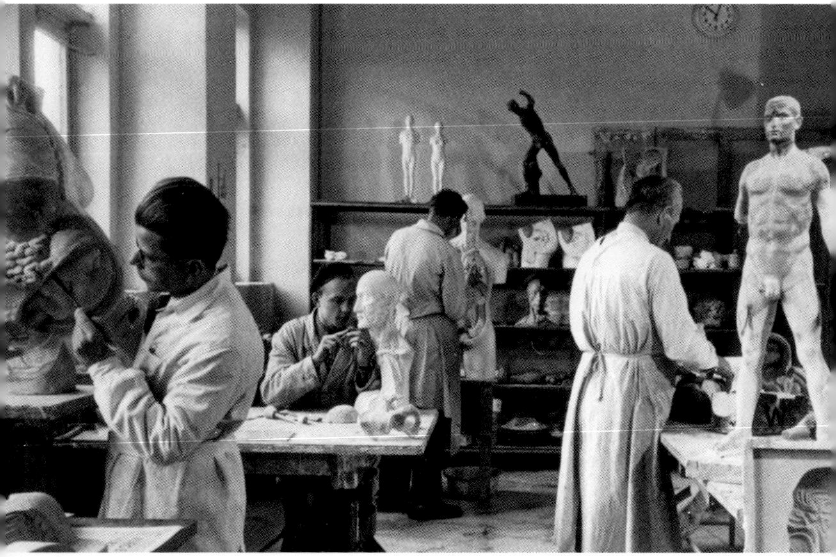

MUSEUMSWERKSTÄTTEN, 1950ER JAHRE

DER GLÄSERNE MENSCH, 1930

Menschen, dessen Anfälligkeit für Krankheiten es durch Prävention und Therapie zu verringern galt, richtete sich der Blick mehr und mehr auf einen imaginären „Volkskörper", dem der Einzelne nicht nur gesundheitsbewusstes Handeln schuldete, sondern völlige Transparenz und tendenziell sogar den Körper selbst.

Der bereits vernehmliche eugenische Grundton des Museums verband sich nach der Machtübernahme der Nationalsozialisten 1933 mit aggressiver Rassenideologie und offenem Antisemitismus. Die neue Gesundheitspolitik sollte schließlich in das nationalsozialistische „Euthanasie"-Programm münden, den organisierten Massenmord vor allem an „Geisteskranken". Schon ihre erste große Propagandaschau, die Berliner Ausstellung „Wunder des Lebens" im Jahr 1935, entstand unter maßgeblicher Beteiligung des Deutschen Hygiene-Museums. Die wissenschaftliche Geschäftsführerin der II. Internationalen Hygiene-Ausstellung von 1930, Marta Fraenkel, musste das Museum 1933 wegen ihrer jüdischen Herkunft verlassen und emigrierte in die USA.
Der Bombenangriff auf Dresden am 13. Februar 1945 zerstörte auch den größten Teil des Museums. Allerdings wurde schon bald nach Kriegsende auf Befehl der sowjetischen Militäradministration mit der Trümmerbeseitigung und dem Wiederaufbau begonnen: Gerade die Notzeit mit Unterernährung und Seuchengefahr ließ die Fortführung einer renommierten Institution der Gesundheitsaufklärung dringlich erscheinen. Etliche Mitarbeiter des Museums, darunter der langjährige Direktor Georg Seiring und der Schöpfer des „Gläsernen Menschen", Franz Tschackert, siedelten in den Westen über, um ab 1949 im kurzlebigen „Deutschen Gesundheitsmuseum" in Köln (später umgewandelt in die Bundeszentrale für gesundheitliche Aufklärung) weiter zu wirken.

Das schrittweise wieder aufgebaute Museum übernahm zusätzliche Funktionen, die sich aus dem Mangel an Versammlungsstätten – Kinos, Theatern, Konzertsälen – in der Ruinenstadt ergaben. Aus der Eingangshalle wurde der so genannte Steinsaal, der um einen in den Innenhof hineinragenden Bühnentrakt ergänzt wurde; damit entfiel der Wiederaufbau des ehemaligen Schmuckhofes. Den Eingang bildete nun ein schmales Vestibül, das im deutlichen Widerspruch zur Großzügigkeit des gesamten Gebäudes stand. Noch gravierender wirkten zwei weitere Einbauten aus dem Jahr 1958: der Kongresssaal mit Kinoprojektion, Dolmetscherkabinen und Übertragungstechnik für den Rundfunk sowie der so genannte Gartensaal.

In der Zeit der DDR zog das Deutsche Hygiene-Museum das Publikum nicht mehr allein durch sein „Kerngeschäft" an, sondern galt als erstrangiger Veranstaltungsort für unterschiedlichste Anlässe: vom Jazz-Konzert bis zur Jugendweihe. Die Lehrmittelproduktion, die einen beträchtlichen Teil alter Gussformen und sonstiger Vorlagen über den Krieg hatte retten können, erweiterte ihre Angebotspalette, vor allem aber erwies sie sich als hochgeschätzter Devisenbringer. In den 1950er bis 1970er Jahren suchten außerdem zahlreiche junge Staaten Asiens und Afrikas aus dem Kreis der „Blockfreien" beim Aufbau ihres Gesundheitswesens die Unterstützung des Museums.

Nach der politischen Wende von 1989/90 konnte das Museum seinen Ruf in der Museumslandschaft unter einer neuen Leitung und mit einer dynamischen Ausstellungspolitik erneut festigen. Nicht zuletzt deshalb, weil die vielfältigen „Körperthemen", die mittlerweile in den wissenschaftshistorischen und kulturwissenschaftlichen Disziplinen der Universitäten große Aufmerksamkeit genossen, auf ein solches Forum zu ihrer Darstellung geradezu gewartet hatten. Allerdings war der bauliche Zustand des Hauses mittlerweile Besorgnis erregend.

Im März 1992 lobte das Staatliche Hochbauamt Dresden einen Ideenwettbewerb aus, an dem neun Teilnehmer aus dem In- und Ausland teilnahmen. Das Preisgericht entschied sich wenig später einstimmig für den Entwurf des Büros COOP Himmelblau (Wien/Los Angeles), der im Sinne der Aufgabenstellung von „großer Rücksicht auf den Kreisschen Ursprungsbau" und „eigenständiger, maßstäblich angemessener Zufügung neuer Bauelemente" gekennzeichnet sei. Im Rückblick scheint sich hinter dieser einhelligen Begeisterung für das Dekonstruktive, mit der zugleich eine gar nicht unerhebliche Überformung bagatellisiert wurde, vor allem ein deutliches Unbehagen am Kreisschen Monumentalismus zu verbergen. Finanzielle Engpässe und ihre Folgen für die Baugestalt veranlassten die Architekten schließlich zum Ausstieg aus dem Projekt. Als Torso des COOP Himmelblau-Entwurfs konnte – nach vierjähriger Bauzeit – 1998 der südliche Kopfbau übergeben werden. Die Stadt Dresden und das Land Sachsen als Träger der Stiftung, in die das Museum 1999 umgewandelt worden war, sowie das Förderprogramm „Kultur in den neuen Bundesländern" des Bundes ermöglichten im Jahr 2000 schließlich den Baubeginn für eine 2005 abgeschlossene Gesamtsanierung unter der Leitung von Peter Kulka (Köln/Dresden).

Der damit verbundene Abschied von einer ganzen Reihe hoch geschätzter, auch emotional besetzter Innovationen aus der Zeit der DDR betraf insbesondere den Kongresssaal. Er war – übrigens im Einvernehmen mit der Denkmalpflege – angesichts seiner statischen Problematik und seiner Brandlasten nicht zu halten. Auf der anderen Seite ist der ehemalige Steinsaal wieder zur zentralen, das Gebäude erschließenden Halle geworden, die den Blick auf Museumseingang und Innenhof freigibt. Der hochwertige Innenausbau, der in der Zeit des Wiederaufbaus geleistet wurde, wird noch immer durch die Bibliothek aus dem Jahre 1952 repräsentiert.

Im Zuge von Umbau, Rückbau und Neubau des Gebäudes ließ sich auch wieder eine neue ständige Ausstellung einrichten. Die bis 1989/90 gezeigte Dauerpräsentation konnte den politischen Systemwechsel nicht überleben, und das nachfolgende Provisorium konnte auf lange Sicht weder die Erwartungen des regionalen Stammpublikums befriedigen noch die der touristischen Besucher. Die in zwei Baustufen 2004 und 2005 im Obergeschoss eröffnete Dauerausstellung „aus einem Guss“ hat es mit anderen Gegebenheiten zu tun als das Haus von 1930: Die Einstellung der Lehrmittelproduktion hat aus beliebig reproduzierbaren Körperbildern kostbare Einzelstücke gemacht; insofern ist das Haus mehr Museum geworden als es ehedem war. Doch zugleich haben die neuen Medien eine alte Tradition des Hauses – interaktive Lerneinrichtungen, wie es sie hier schon in den 1920er Jahren gab – um damals ungeahnte Möglichkeiten bereichert.

Die Berliner Architekten Gerhards & Glücker, die für die Gestaltung der Dauerausstellung verantwortlich waren, haben sich in der Wahl der raumbestimmenden Materialien für solche entschieden, die schon das Museum von 1930 aufwies: stark gefladertes Nussbaumholz, Kunstleder, Glas. Auch die strenge Ordnung der Vitrinen korrespondiert mit der gerasterten Lichtdecke der Ausstellungsgalerien. Die Ausstellung beschäftigt sich auch heute wieder mit dem Menschen – doch anders als 1930 steht er heute nicht mehr für einen gesichtslosen Norm-Körper.

RAUM 1
DER GLÄSERNE MENSCH

Die Entstehungszusammenhänge von naturwissenschaftlichen Objekten und Modellen mögen vielen unvertraut sein, und doch spürt jeder die wechselvolle Geschichte hinter den oft hoch artifiziellen Erscheinungen, die der menschliche Körper in diesem Museum – zu Lehrzwecken – angenommen hat. Der Muskelkopf „Der Schreiende" zum Beispiel, der wie viele andere Exponate in den hauseigenen Museumswerkstätten entstanden ist, reißt – scheinbar vor Entsetzen – Augen und Mund weit auf; kaum jemand, der nicht unwillkürlich an Edvard Munchs berühmtes Gemälde „Der Schrei" (1893) denken muss. Tatsächlich wurde „Der Schreiende" 1920 geschaffen, als die Erfahrung von Krieg und Massenelend im Expressionismus bereits eine populär-zeitgemäße, weit über Galerien und Kunstzeitschriften hinaus wirkende Formensprache gefunden hatte.

Einen reflektierten Umgang mit den Zeugnissen der eigenen Geschichte gebieten nicht zuletzt deren düstere Kapitel: Schon seit der Gründungszeit 1911/12 war das Museum in hohem Maße von eugenischem, auf das Ideal eines „gesunden Volkskörpers" gerichtetem Denken geprägt, und nach 1933 hat es sich vorbehaltlos in den Dienst der nationalsozialistischen Rassenideologie gestellt. Auch der autoritäre Charakter der sozialistischen Gesundheitspolitik der DDR hat in den Körperbildern des Museums seine Spuren hinterlassen.

Die Sammlung des Museums hat den Schwerpunkt „Geschichte der Gesundheitsaufklärung" weit über die Analyse der eigenen Vergangenheit hinaus ausgebaut. Ein Beispiel dafür ist ein anatomisches Menschenmodell aus dem Jahr 1865 von Louis Thomas Jérôme Auzoux (1797-1880), der 1827 seine Manufaktur für anatomische Lehrmittel gründete. Auzoux wollte ursprünglich nur preiswerte, aus dem leicht zu bearbeitenden Material Papiermaché gefertigte Modelle für Medizinstudenten bereitstellen – sei es, um mit dieser haltbaren Alternative unzulänglichen Kühltechniken in der Anatomie zu begegnen, sei es, um dem Widerwillen vieler angehender Mediziner gegen die Seziersäle abzuhelfen. Aber es war

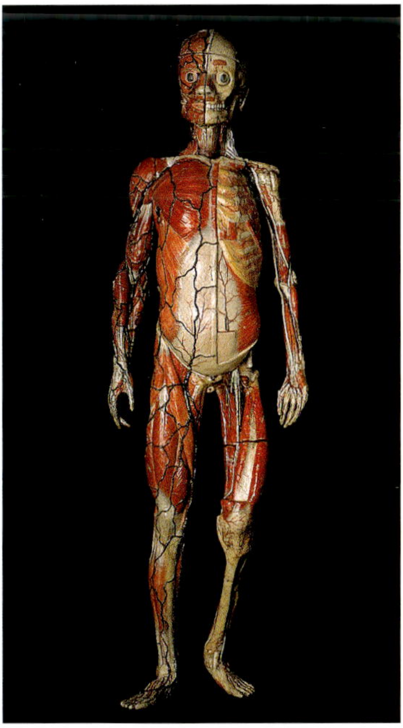

ANATOMISCHE FIGUR VON AUZOUX, UM 1865

„DER SCHREIENDE" (MUSKELKOPF), 1920

eine Blütezeit der Wissenschaftspopularisierung, und seine Menschenmodelle erreichten und faszinierten auch die Öffentlichkeit. In seinem Roman *Bouvard et Pécuchet* (1881) ließ Gustave Flaubert seine gleichnamigen Romanfiguren sich zum Zeitvertreib einen der „künstlichen

Leichname" bestellen, einen dieser „Hampelmänner des Monsieur Auzoux"; und während das Modell sie selbst enttäuscht, bekommen sie doch Ärger mit der Nachbarschaft, die meint, in ihrem Haus eine echte Leiche gesehen zu haben.

GEWAHRWERDEN DES KÖRPERS

Anatomische Darstellungen sind so alt wie die wissenschaftliche Anatomie selbst, die im 16. Jahrhundert die beiden grundlegenden Hilfsmittel zur Aufbewahrung ihrer Gegenstände entwickelt hat: das Präparieren von seziertem Körpergewebe sowie das anatomische Lehrbild oder -modell. Das Präparat zeugt von einem wirklichen Menschen; das anatomische Bild zeigt einen „typischen" Körper. Es ersetzte nicht die akademische Leichensektion, wohl aber – nach und nach – deren Inszenierung als öffentliches Spektakel („Theatrum anatomicum"), wie es noch bis ins 18. Jahrhundert hinein verbreitet war. Doch musste die Darstellung des geöffneten Körpers aus der Verbindung mit der Leiche gelöst werden, um seine Vitalfunktionen plausibel zu machen. Frühe anatomische Darstellungen – etwa im Werk des Andreas Vesalius (1514/15-1564) und seiner unmittelbaren Nachfolger – hatten dafür auf ältere Bildformeln der christlichen und mythologischen Kunst zurückgegriffen, auf die Auferstehung des Leibes beim Jüngsten Gericht, das Martyrium des Heiligen Bartholomäus oder die Schindung des Marsyas. Ein christliches Bildmotiv – die Vergänglichkeit allen Fleisches – wurde auch bei der Herstellung der zerlegbaren Figuren einer schwangeren Frau und eines Mannes aus der Sammlung des Museums aufgenommen, die vermutlich Anfang des 18. Jahrhunderts aus Lindenholz gefertigt wurden: Sie liegen schlicht als Leichenfiguren in einem Sarg. In der Geschichte der Präparate wie anatomischen Modelle oder Schaubilder wurden immer neue Lösungen gefunden, um die Tiefenschichten des Körpers sinnfällig wiederzugeben. Die Ausstellung bietet verschiedene Beispiele: etwa so genannte Korrosionspräparate von Niere, Bronchien oder Leber, die durch Ausgießen der Blutgefäße mit Wachsen, Harzen oder Metallverbindungen entstehen. Nach der Aushärtung ätzen Säurebäder das umliegende Gewebe weg. Die artifizielle Wirkung von Infusions- und Korrosionstechniken zeigen die Abbildungen im *Thesaurus Anatomicus*, einem mehrhändigen Werk, mit dem der virtuose Anatom Frederik Ruysch (1638-1731) seine als barocke Allego-

SCHWANGERE FRAU, UM 1700

rien der Vergänglichkeit arrangierten Präparate in Europa bekannt machte.

Dass es keines besonderen Kunstwillens oder gar einer reißerischen Inszenierung bedarf, um die Ästhetik des geöffneten Körpers zu betonen, zeigen zwei Beispiele: zum einen die Serie „Der Körper des Kindes", ein Ergebnis der langen, fruchtbaren Zusammenarbeit zwischen Wilhelm His, dem Leiter des Anatomischen Instituts der Universität Leipzig, und dem Bildhauer Franz Josef Steger am Ende des 19. Jahrhunderts. Auf der II. Internationalen Hygiene-Ausstellung 1930/31 ist diese Folge von Körperschnitten zur Darstellung von Entwicklungsstadien und Körperfunktionen erstmals nachgewiesen. Zum anderen die 2001 entstandenen Bilder des Fotografen Edgar Zippel, die den Alltag im Anatomischen

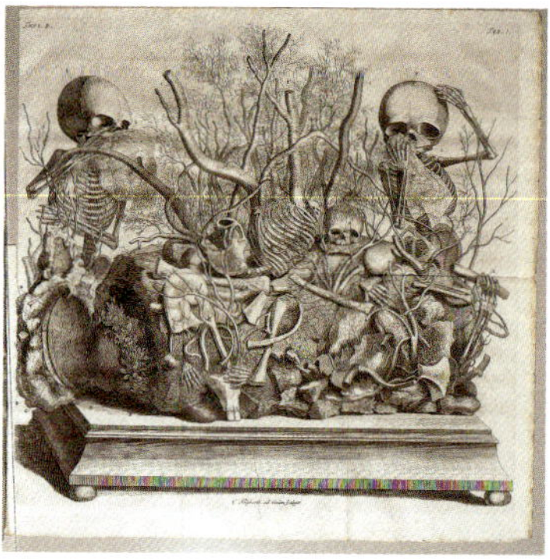

„THESAURUS ANATOMICUS", 1706

Institut der Freien Universität Berlin zeigen – ungeschminkt und respektvoll zugleich.

Eine eigene Vitrine ist den Moulagen gewidmet, aus Wachs gefertigten Nachbildungen krankhaft veränderter Körperteile. Am Patienten selbst

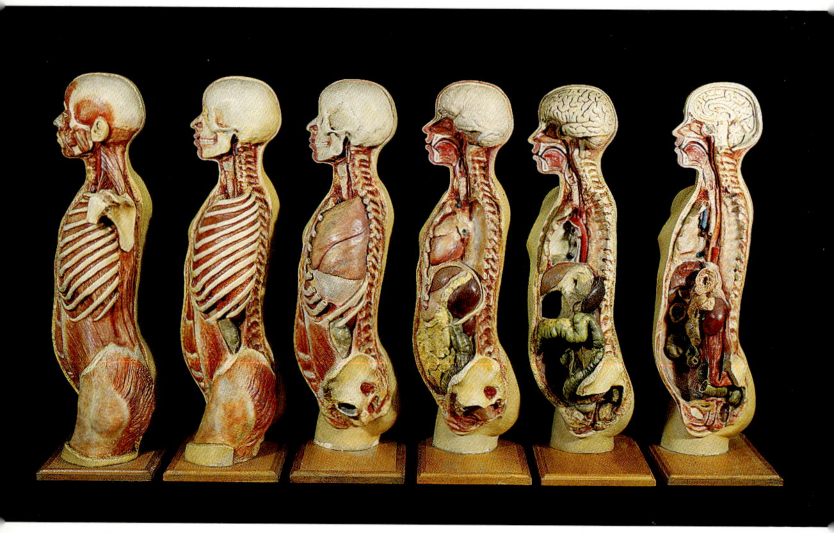

„DER KÖRPER DES KINDES", UM 1890

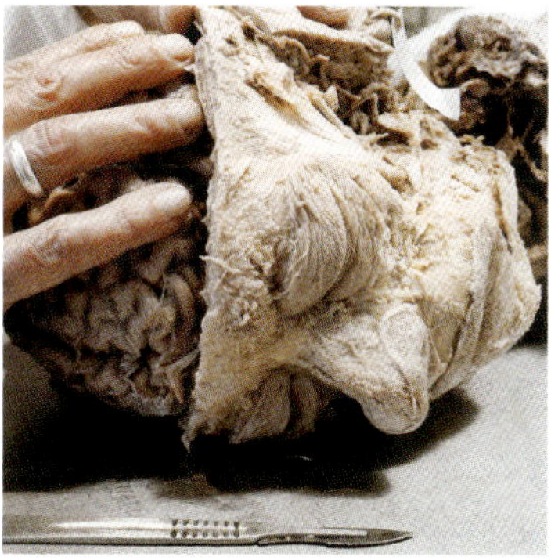

IN DER ANATOMIE (EDGAR ZIPPEL), 2000

abgeformt, verweisen sie auf das Individuum, und nicht, wie etwa die anatomischen Modelle, auf einen Typus. Hier im ersten Raum handelt es sich um Gesichter – gezeichnet etwa von der Tropenkrankheit Frambösie, syphilitischer Mandelentzündung oder Lepra. Nach seiner Gründung hat das Museum das Pathoplastische Institut für Moulagen-Herstellung übernommen, das Karl August Lingner zur Vorbereitung der I. Internationalen Hygiene-Ausstellung von 1911 eingerichtet hatte. Die Wachsbilder waren weder billig noch robust – der handwerkliche Herstellungsaufwand war groß, und das Material war hitze-, stoß- und schlagempfindlich. Doch zählten sie zu den begehrtesten Artikeln der Museumswerkstätten. Moulagen dokumentieren Krankheitsbilder, die heute dank flächendeckender Prophylaxe (etwa durch Impfungen) einerseits und verbesserter Therapien andererseits viel seltener ausgebildet werden. Die Zeitgeschichte ist in der ausgestellten Moulagen-Auswahl vielfach präsent. Eines der ältesten Stücke (nach 1914), noch vom ersten Leiter des Pathoplastischen Instituts Fritz Kolbow (1873-1946) gefertigt, zeigt zum Beispiel eine Kriegsverletzung im Kieferbereich mit Repositionsverband. An die Furcht vor der Atombombe auf dem Höhepunkt des Kalten Kriegs erinnert eine Moulage zu Schäden durch radioaktive Strahlung aus dem Jahr 1960, die ausnahmsweise nicht mittels Abformung, sondern nach Fotos von Hiroshima-Opfern entstand.

DURCHMUSTERN DES KÖRPERS

Bereits 1674 machte der Niederländer Antony van Leeuwenhoek mit Hilfe selbst gebauter Linsen erstmals die Beobachtung, dass der menschliche Körper von unzähligen Mikroorganismen besiedelt wird. Mikroanatomen gewannen nun an bisher verachteten Kleinlebewesen neue Erkenntnisse über Fortpflanzung und

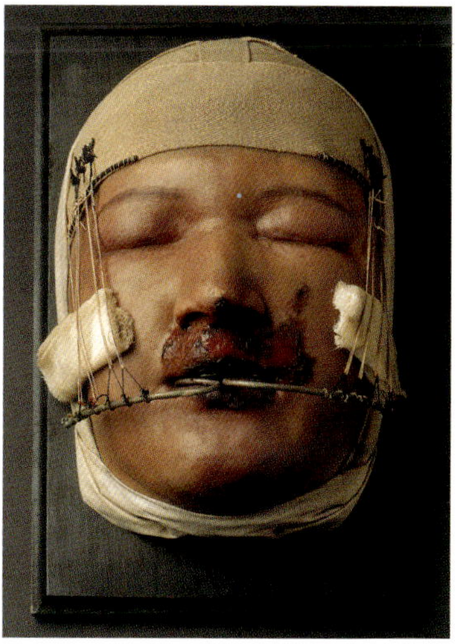

MOULAGE MIT KRIEGSVERLETZUNG, NACH 1914

Entwicklung. Aber erst seit Mitte des 19. Jahrhunderts wurden Mikroskope industriell produziert und für die Verbreitung wissenschaftlicher Erkenntnisse eingesetzt. Die frühen Hygiene-Ausstellungen nutzten sie bereits, um dem Publikum Einblicke in die Tiefenschichten des Körperinneren und seine bisher verborgenen Prozesse zu verschaffen. Zugleich sorgte die Mikroskopie für eine neue, plastische Qualität des medizinischen Bildes, wie eine Vitrine mit Vergrößerungen spezifischer Gewebe und ihrer Zellen (darunter Nervenfaser-, Schilddrüsen-, Hoden- und Lungenzellen) aus den Werkstätten des Museums in der Ausstellung zeigt.

Den „hygienischen Blick", die Bemühungen um eine totale Transparenz des Körpers im Dienste der Gesundheit, beflügelten auch die 1895 eingeführte Röntgentechnik und ihre Bilder vom lebenden Organismus. Sie erlaubten endlich eine gleichsam „saubere" Betrachtung des geöffneten Körpers, die kaum mehr an die öffentlichen Leichensektionen in anatomischen Hörsälen erinnerte. Die Massenanwendung der Röntgentechnik war eine der wichtigsten präventiven Maßnahmen gegen die bis weit ins 20. Jahrhundert verbreitete Tuberkulose. Eine frühe Röntgenanlage, die schon in den 1920er Jahren ausgestellt wurde, steht jetzt in enger perspektivischer Beziehung zum „Gläsernen Menschen" – die Funktion der Sichtbarmachung des Unsichtbaren ist beiden gemeinsam. Die ausgestellte Röntgenanlage war übrigens bis 1990 in Betrieb – ein praktischer Arzt im sächsischen Dorfchemnitz arbeitete damit von 1937 bis zu seiner Pensionierung.

IDEALISIEREN DES KÖRPERS

Gesundheitsaufklärung konnte nicht nur auf Abschreckung setzen. Sie musste jenem neuen Menschen, den es aus Schmutz und Seuchengefahr, Mangelkrankheiten und sexuellen Lastern der Großstadt heraus zu formen galt, auch positive Leitbilder an die Hand geben. Im Rückgriff auf die Antike wurden sie gefunden: Der „Speerträger" des Polyklet oder Herkules, der bekanntlich den Augias-Stall säuberte, zierten als Kopien antiker Originale frühe Ausstellungen des Hygiene-Museums. Die heutige ständige Ausstellung zitiert diesen Zusammenhang mit einem kleinen antiken Torso aus römischer Zeit, der den polykletischen Jünglingsdarstellungen entspricht, idealen Körpern nach Maß und Proportion, und daneben mit dem Torso eines Zeus', ebenfalls eine römische Kopie nach griechischem Original. Körpermodelle des Museums haben sich seit 1911 immer wieder an der antiken Plastik orientiert. Als Anschauungsmaterial für „Leibesübungen" produzierten die Werkstätten ab 1926 Kopien des um 100 v. Chr. entstandenen, im Louvre befindlichen „Borghesischen Fechters". An diesem in seiner Bewegtheit und Naturnähe charakteristischen Werk aus hellenistischer Zeit ließ sich die – in der Kopie teilweise freigelegte – Muskulatur gut studieren. Auch für die „Gläsernen Menschen" hat, wenn auch auf Umwegen, eine antike Bronze Pate gestanden: der 1747 von Friedrich dem Großen erworbene und heute zur Berliner Antikensammlung

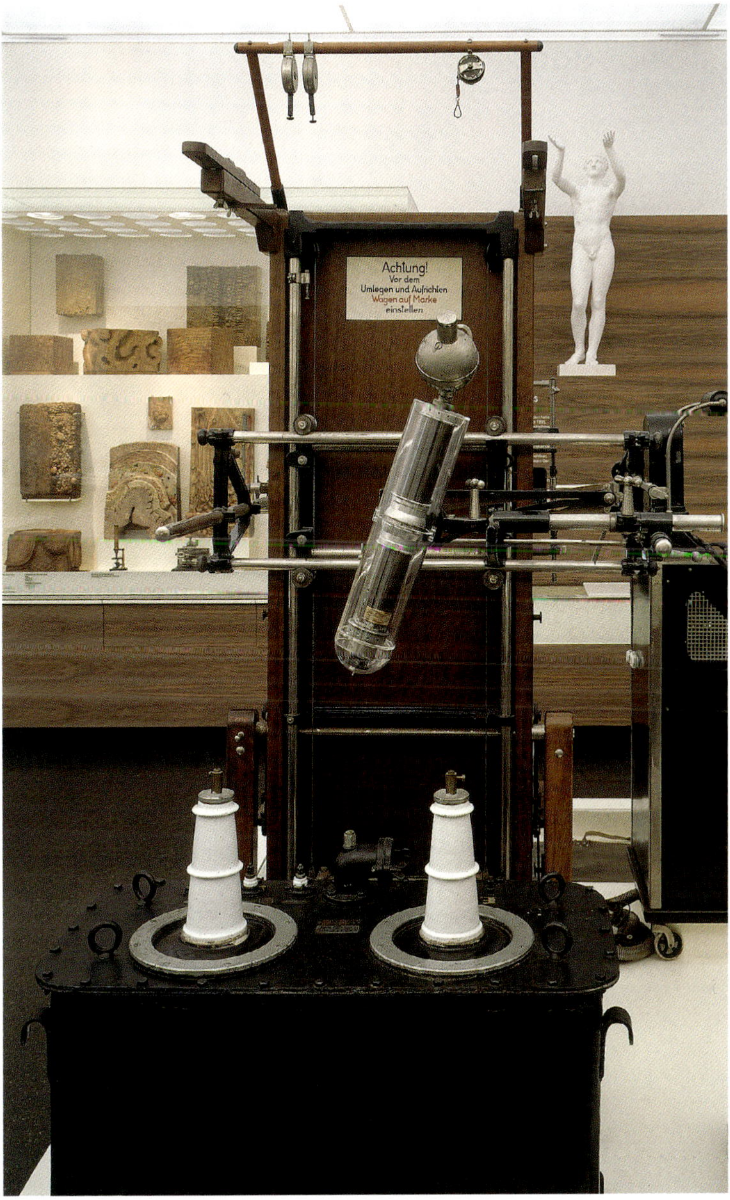

RÖNTGEN-ANLAGE, 1920ER JAHRE

BORGHESISCHER FECHTER (KOPIE), NACH 1926

gehörende „Betende Knabe" (um 300 v. Chr.) mit seinen himmelwärts gereckten Armen.

VERMESSEN DES KÖRPERS

Was aber war der ideale Körper? Was war „Typus", was Abweichung? Seit Ende des 18. Jahrhunderts hatten sich Mediziner und Ethnologen aufgemacht, die Erscheinungsformen der Menschheit zu systematisieren und dafür einen – am Ende uferlosen – Daten- und Bilderfundus zusammengetragen. Messgeräte für Körper und Gesicht wie das in der Ausstellung gezeigte tragbare Anthropometer (um 1893) nach dem berühmten Politiker, Arzt und Anthropologen Rudolf Virchow (1821-1902) wurden entwickelt. Abformungen am lebenden Objekt sollten größtmögliche Realitätsnähe garantieren.

Die Studiensammlungen der Rassenforschung konnten sich in der zweiten Hälfte des 19. Jahrhunderts bereits auf ein entsprechendes Zulieferungssystem verlassen. Aus dem Panopticum der Brüder Castan in Berlin, einem Wachsfigurenkabinett, das bedeutende Gestalten der Geschichte, medizinische „Monstrositäten" und Angehörige fremder Völker ausstellte, stammt eine Reihe um 1885 entstandener Porträts: Die Vorlage für den „Maori-Häuptling Ngapaki Puni" war eine Kopfabformung, die der Ornithologe und Völkerkundler Otto Finsch während einer Studienreise in die Südsee angefertigt hatte. Ein Somalier kam 1885 im Zusammenhang mit einer spektakulären „Tierkarawane" des Zoo-Unternehmers Carl Hagenbeck nach Berlin. Auf Veranlassung Virchows nahmen die Castans bei ihm und den übrigen „Negern von Darfur" Kopfabformungen vor, desgleichen bei den Australiern „Boni" und „Susanne", die im Panopticum selbst aufgetreten waren.

Nicht auszuschließen, dass hinter solchen Unternehmungen auch ein Staunen über die Vielfalt des Menschengeschlechts stand; doch meist ging es um eine Hierarchisierung in „höherwertige" und „minderwertige" Menschenrassen. Sie entsprach den um 1900 voll entwickelten Rassenlehren des Kolonialismus und der Eugenik, die eine staatlich gelenkte Bevölkerungspolitik im Sinne der „Auslese" und der „Rassenhygiene" forderte – mit dem Ziel des „Menschen nach Maß". Drei Gips-Torsi aus der Abteilung „Vererbung und Eugenik" des Museums von 1930 zeigen gemäß einer noch heute geläufigen Terminologie „Pykniker", „Leptosomen" und „Athletiker". Der Psychiater Ernst Kretschmer (1888-1964) hatte diese Kategorien 1921 in seinem Buch *Körperbau und Charakter* eingeführt und einen Zusammenhang zwischen Körpertypen und der Häufigkeit von Geisteskrankheiten beschrieben. In der Zeit des Nationalsozialismus sollte sich auch die Konstitutionsforschung an der Vorbereitung jener umfassenden Zwangspolitik beteiligen, die der NS-Staat gegen „Erbkranke" aufbot und die schließlich in das nationalsozialistische „Euthanasie"-Programm mündete.

EIN MUSEUM VOM MENSCHEN

Es ist wichtig, sich all diese historischen Linien zu vergegenwärtigen, um das Hygiene-Museum und nicht zuletzt sein Symbolobjekt, den „Gläsernen Menschen", zu verstehen. Dabei hilft die kurze Geschichte des Hauses in Bildern, Texten und Objekten an einer Längswand des ersten Ausstellungsraums. Hier findet sich auch ein frühes Exemplar der Odol-Flasche. Karl August Lingner hatte sein Mundwasser mit einer Marketingstrategie zum Erfolg geführt, die künstlerisch avancierte Werbung und unverwechselbares Design verschmolz. Ohne das von seinem Gründer geerbte Talent, das auf den ersten Blick spröde Thema der Hygiene anziehend zu gestalten, hätte das Museum die vielen Zäsuren in seiner Geschichte wohl nicht überlebt. Diese Fähigkeit bewährte sich schon 1911 bei der I. Internationalen

„ATHLETIKER", „PYKNIKER", „LEPTOSOMER" NACH KRETSCHMER, UM 1930

Hygiene-Ausstellung in Dresden. Zeitgenössische Modelle aus bemaltem Gips dokumentieren Pavillons und Attraktionen von damals – vom Alpen-Panorama-Restaurant „Oberbayern“ über das „Abessinische Dorf“ bis hin zum Gefangenenlazarett. Die „Populäre Abteilung: Der Mensch“ kann man gleichsam als Nukleus des späteren Museums ansehen. Die als Torsi erhaltenen Figurinen zweier Schulmädchen führten „Richtiges Büchertragen – schlechtes Büchertragen“ (1911) vor und damit den Imperativ, der die Gesundheitsaufklärung des Museums für lange Zeit kennzeichnen sollte: richtig oder falsch, ein Drittes gab es nicht.

Dass das Museum ein „interaktives“ war, lange bevor sich der Begriff in der Museumswelt verbreitete, belegen noch einige erhaltene „Klassiker“ der Lehrmittelproduktion, etwa der

ODOL-FLASCHE, UM 1900

„Scheibentorso“ von 1930: Der Besucher konnte mit einer Kurbel die einzelnen Scheiben, aus denen die Figur sich zusammensetzte, auseinander ziehen und von beiden Seiten betrachten; sie waren nach originalen Gefrierschnitten eines menschlichen Körpers anatomisch genau gearbeitet. Von der Installation „Der Schmerz als Warner“ (1930) existiert nur noch die Figur. Sie besteht aus einem abstrahierten, von fern an den Stil des Art déco erinnernden Holztorso, der eine Reihe von Knöpfen aufweist. Wurden sie ehedem gedrückt, erschienen auf einer angeschlossenen großen Leuchttafel Informationen zu den Krankheiten, die ein Schmerz an der bezeichneten Körperstelle anzeigen kann.

Mit der Eröffnung des neuen Museums 1930 kam es auch zur Premiere jenes Maschinenmenschen, den der Präparator Franz Tschackert seit 1927 in einer Dresdner Marmeladenfabrik zusammengebaut hatte – dort konnte er die großen Dampfkessel benutzen, um über dem heißen Dampf den Kunststoff Cellon zu formen. Der „Gläserne Mensch“ wurde zum Exportschlager der museumseigenen Lehrwerkstätten: Insgesamt wurden über 30 Exemplare hergestellt. Auch die erste „Gläserne Frau“ (1935) ist heute wieder im Museum zu sehen. Gestiftet von dem amerikanischen Textilfabrikanten S. H. Champ aus Michigan ging sie ab 1936 auf Tournee durch die USA, um dann auf längere Zeit im Science Center in St. Louis zu bleiben. Von dort gelangte sie 1988 als Schenkung an das Deutsche Historische Museum in Berlin und

SCHEIBENTORSO, 1930

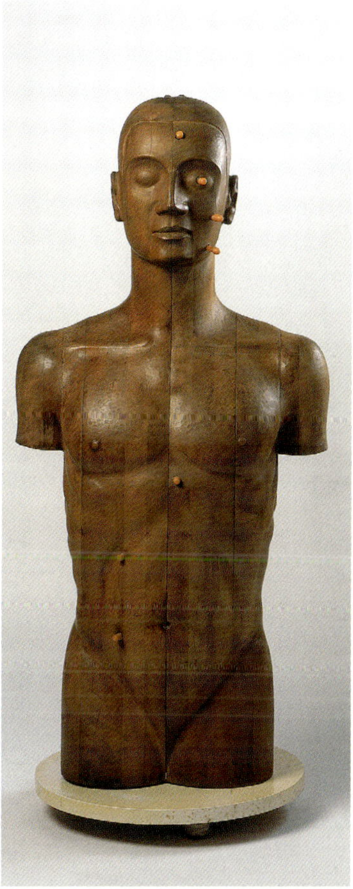

„DER SCHMERZ ALS WARNER", 1930

befindet sich nun als Dauerleihgabe wieder im Deutschen Hygiene-Museum – die weltweit einzige erhalten gebliebene „Gläserne Frau" aus der Vorkriegsproduktion.

All diese verschiedenen Bilder vom Menschen – durchleuchtet, in Scheiben zerlegt, mit Alarmknöpfen versehen, statistisch erfasst – weisen über ihre unmittelbare medizinisch-didaktische Funktion hinaus. Der Gedanke einer Analogie von menschlichem Organismus, Staat und Wirtschaft, der schon Lingner und seine Mitarbeiter beherrschte, spricht aus einem jener fast anrührenden Objekte, die das Museum neben den eher kalt wirkenden Glasmenschen und Schnittkörpern beherbergt: „Die Arbeit der

SCHEIBENTORSO ZUM ANFASSEN UND AKUPUNKTURSPIEL

Verdauungsorgane", ein Holzrelief in der Manier der Erzgebirgsschnitzerei, mit dem in den 1930er Jahren eine Körperfunktion als industrieller Arbeitsprozess dargestellt wurde. Anscheinend erfreute sich das Motiv einer von politischen Systemen unabhängigen Beliebtheit, denn 1951 legte das Museum in der DDR ein neues Exemplar auf – nun allerdings auch mit weiblichen Arbeitskräften.

Eine vom Staat reglementierte Reproduktion des „Volkskörpers", die Personen mit möglicherweise erblich bedingten Gesundheitsschäden ausschloss, propagierte das Museum schon vor 1933 in Aufklärungskampagnen gegen Epidemien, Kriminalität, Alkoholismus. Auf einem Monitor in der heutigen Ausstellung laufen die Diaserien „Vererbungslehre" und „Bevölkerungspolitik und Rassenhygiene" aus dem Jahr 1933: Heutige Besucher sollen nachvollziehen können, wie eine schleichende Indoktrination im Sinne der nationalsozialistischen Ideologie verlief – von Bildern zur Befruchtung der Eizelle bis hin zu antisemitisch getönten Statistiken. Auch eine Gussform mit hohem Symbolcharakter wird man kaum unbewegt betrachten – in die Gesichtszüge, die für eine Moulage „Pestpustel am Kinn" abgeformt worden waren, haben sich die Spuren des Bombenangriffs auf Dresden am 13. Februar 1945 eingebrannt.

In seinem Ausstellungsgut wies das Deutsche Hygiene-Museum über die Jahrzehnte seines Bestehens eine erstaunliche Kontinuität auf. Auch zur Zeit der DDR wurde mit den

GUSSFORM MIT BRANDSPUREN VON 1945

überlieferten Modellen weitergearbeitet. Die neue ständige Ausstellung zeigt einige typische Beispiele für Neuentwicklungen nach 1945: Der „Torso eines Afrikaners" (nach 1980) belegt, dass anatomische Körper im Hygiene-Museum nicht länger nur weiß sein konnten. Mit der politischen Wende 1989/90 wurde das jahrelang allgegenwärtige und populäre Hausmaskottchen musealisiert: die Zwergenpuppe „Kundi". Trickfilme, Comics und Kartenspiele hatten seit 1962 Kundis Kampf gegen die Feinde des sozialistischen Gesundheitsbewusstseins – Dreckfinger, Stinkfuß, Tropfnase, Faulzahn und Schwarzohr – begleitet. Kundi war gleichsam der „Junge Pionier" der richtigen Lebensführung, und ein kritischer Rückblick musste seine Ausstattung – Kontrollmonitore und magisches Fernrohr („Man sieht auch, was der einzelne Mensch gestern getan hat und was er morgen tun wird") – unvermeidlich

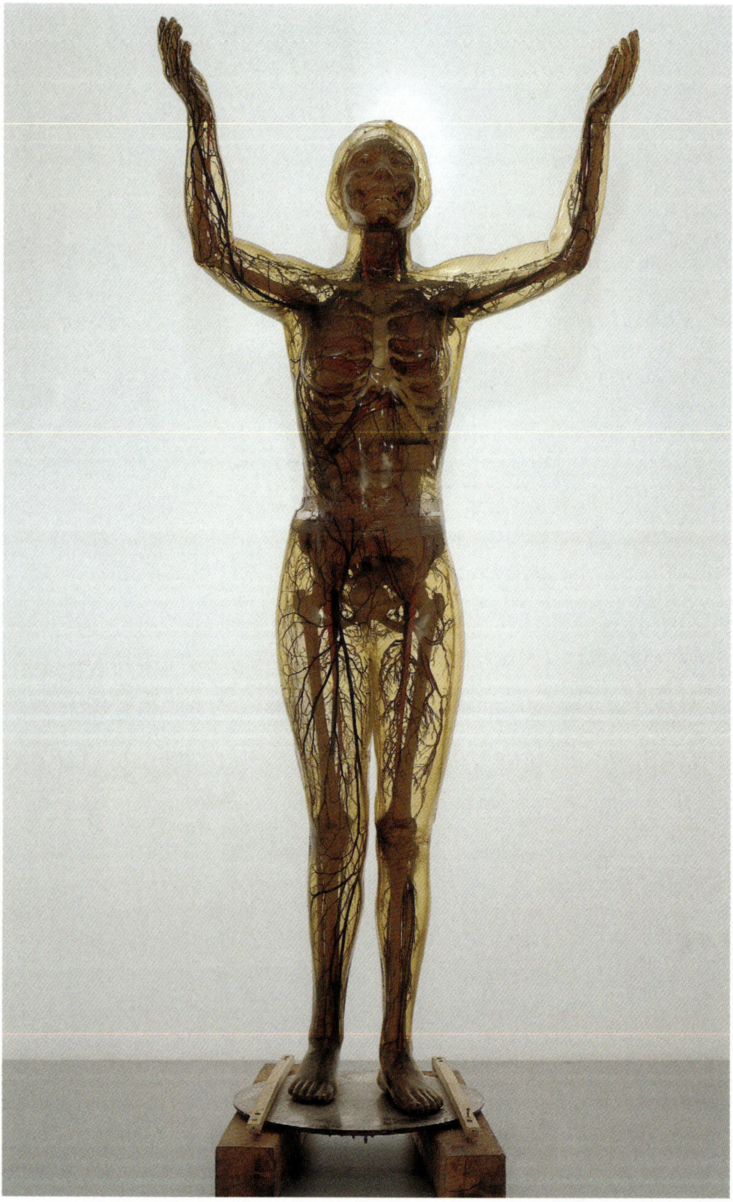

GLÄSERNE FRAU, 1935

mit den Überwachungstechniken des DDR-Staatsapparats in Verbindung bringen.

Das Museum will jetzt und in Zukunft zur Bestimmung der sich wandelnden Begriffe von Krankheit und Gesundheit beitragen. Die Besucher können sich daher an interaktiven Terminals auch mit modernen bildgebenden Verfahren der medizinischen Diagnostik und deren Konsequenzen auseinander setzen. Anhand eines Akupunktur-Spiels können sie außerdem ein der westlichen Tradition fremdes Körperverständnis und ein daraus hervorgegangenes Therapieinstrument kennen lernen. Den Schluss bildet ein Monitor, auf dem ein Eindruck der Entwicklung vom „Gläsernen Menschen" zum computeranimierten „Virtuellen Menschen" (2000) vermittelt wird. Als Auftragsarbeit des Freistaates Sachsen entstand er für die EXPO 2000 in Hannover. Vorbild für die Figur waren Filmaufnahmen von Heike Janicke, Konzertmeisterin der Dresdner Philharmoniker, während sie zwanzig Takte aus der Partita I, h-moll von Johann Sebastian Bach einspielt – der durchsichtige Mensch nun auch bewegt, ja fast beschwingt.

KUNDI, 1950ER JAHRE

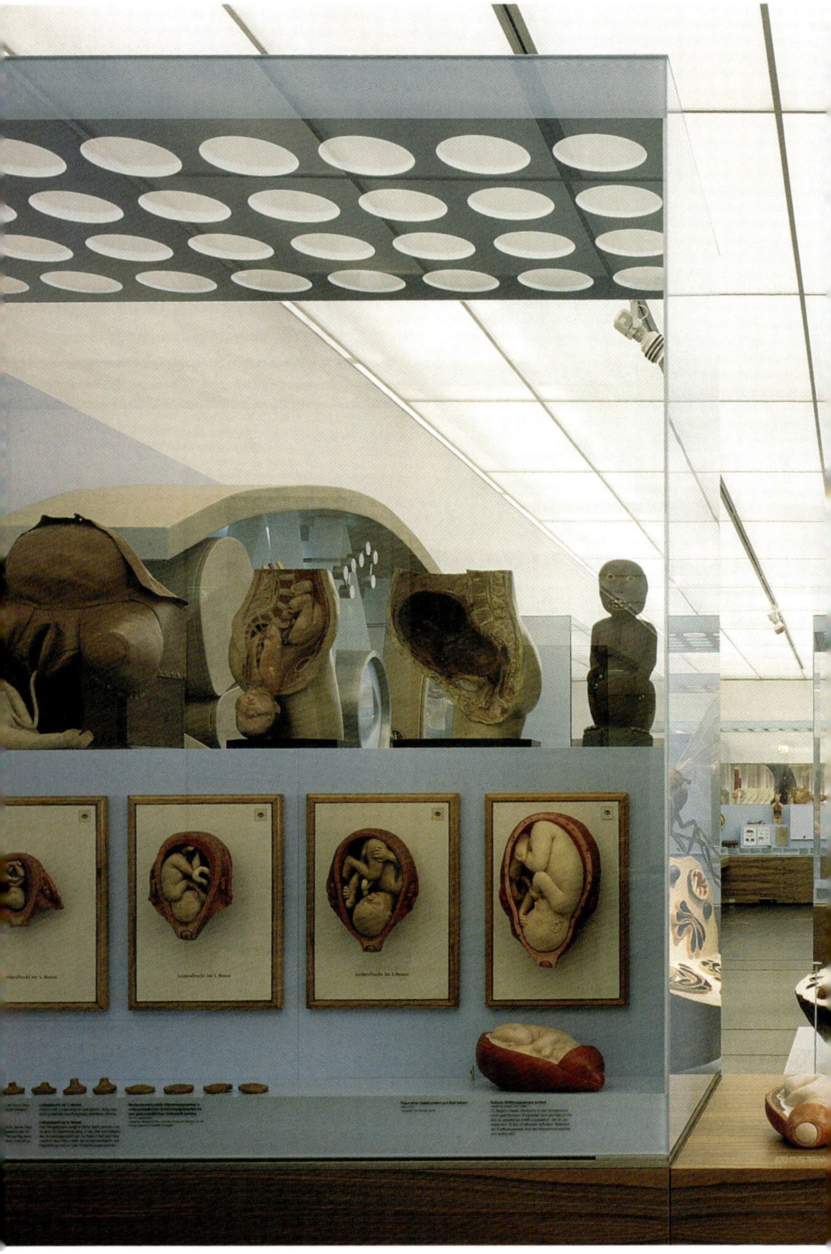

Ingeborg Wagner
Hebamme

RAUM 2
LEBEN UND STERBEN

Zu den großen Einschnitten des menschlichen Lebens wie Geburt, Krankheit, Altern und Tod kommen in diesem Raum Medizin und Molekularbiologie, Kultur, Gesellschaft und Politik zu Wort. Die Gen-Forschung, die 1996 zur ersten genetisch identischen Kopie eines erwachsenen Säugetiers führte – Wolle des berühmten „Klonschafs" Dolly finden die Ausstellungsbesucher gleich in der ersten Vitrine – hat die alte Frage „Was ist der Mensch?" neu aufgeworfen: wann genau menschliches Leben beginnt, wann Embryos die Menschenwürde zuzuerkennen ist. Dies wiederum sind ethische Fragen, die durch die In-vitro-Fertilisation eine neue Dimension erlangt haben. Denn aus den „überzähligen" Embryonen, die bei der künstlichen Befruchtung im Laborgefäß entstehen, können so genannte Stammzellen gewonnen werden, die noch nicht auf eine bestimmte Aufgabe festgelegt sind, sich zu verschiedenen Zelltypen entwickeln können und daher zum Beispiel für die Entwicklung bestimmter neuer Therapien besonders interessant scheinen.

GEBURT

Eine Serie von anatomischen Modellen aus der Lehrmittelproduktion des Deutschen Hygiene-Museums (1949-1970) demonstriert die Entwicklungsstadien von der Befruchtung zum Embryo: die Eizelle kurz nach der Befruchtung in den ersten Stadien der Zellteilung, sodann vom zehnten Tag bis zum neunten Monat. Eine zweite Entwicklungsreihe umfasst die Zeit von der siebten Woche bis zum neunten Monat und wird durch Präparate menschlicher Embryonen repräsentiert. Es handelt sich um so genannte Spalteholz-Präparate, benannt nach dem Anatomen Werner Spalteholz (1861-1940). Er erfand in den Jahren 1906-1910 ein Verfahren, Körperteile „durchsichtig" zu machen. Sie wurden erst gebleicht, entkalkt und gewässert, dann mit Präparierflüssigkeiten (z. B. Wintergrünöl) getränkt, die den gleichen Lichtbrechungsindex wie das betreffende Gewebe aufwiesen. Die Technik ermöglichte auch die Herstellung von Farbkontrasten innerhalb der Präparate. Karl August Lingner hatte Spalteholz während der Vorbereitung der I. Internationalen Hygiene-Ausstellung 1911 unter Vertrag genommen, aus der Zusammenarbeit ging nach dem spektakulären Erfolg der neuen Präpariertechnik das Anatomische Laboratorium als einer der Grundpfeiler des geplanten Hygiene-Museums hervor. Die Technik selbst wurde in den Lehrmittelwerkstätten noch bis in die Zeit der DDR angewandt.

Das Heranwachsen des Kindes im Mutterleib, das solche Modelle und Präparate zeigten, können Eltern heute am Bildschirm verfolgen: Die Ultraschalldiagnostik macht fetale Fehlbildungen sichtbar und hilft, allgemeine Geburtsrisiken zu vermeiden, die nach wie vor bestehen – das Feuchtpräparat einer Eileiterschwangerschaft (1952) und Papiermaché-Modelle von Strangulations- und Steißgeburt (um 1950) erinnern daran.

Dem anatomischen Verständnis von Beginn und Ende des Geburtsvor-

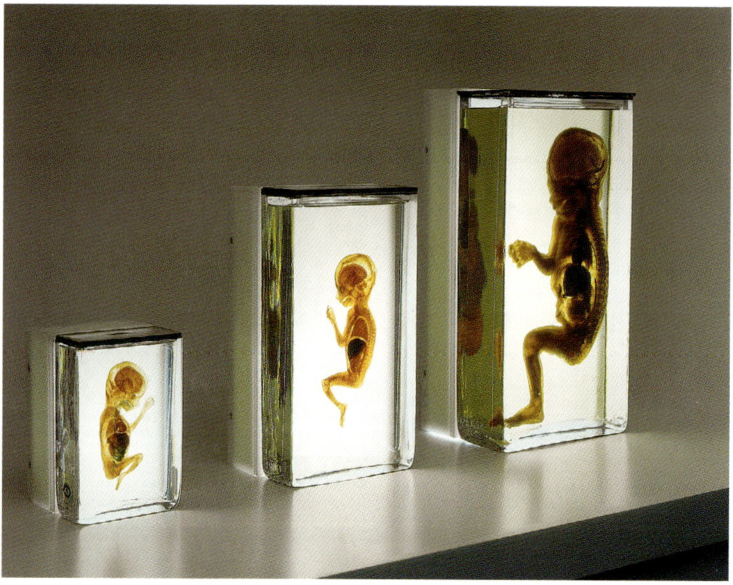

SPALTEHOLZ-PRÄPARATE VON EMBRYONEN, UM 1960

gangs dienen zwei Modelle des weiblichen Unterleibs in der Austreibungs- und in der Nachgeburtsperiode (um 1900). Ein um 1910 entstandenes, aus robustem Leder gearbeitetes „Geburtshilfephantom" dagegen diente der wirklichkeitsnahen Ausbildung in praktischer Geburtshilfe. Sie lag bis zur Mitte des 18. Jahrhunderts fast ausschließlich in der Hand der Hebammen. Die universitäre Geburtsmedizin brachte dann viele lebensrettende Errungenschaften hervor, hatte aber eine zunehmende Pathologisierung von Schwangerschaft und Geburt zur Folge. Seit den 1980er Jahren bemüht man sich auch in Deutschland wieder um ein Zusammenwirken von Hebamme und Arzt. Der Hebammenkoffer (die Beispiele stammen von 1920 und 1960) enthält alle Instrumente, die für eine normal verlaufende Geburt gebraucht werden. Dazu gehören ein Hörrohr zum Abhören der kindlichen Herztöne, Nabelschere und -band für die Abnabelung sowie Waage und Maßband. Zum geburtshilflichen Arztbesteck – das ausgestellte Stück stammt aus dem Jahr 1915 – zählt beispielsweise die Geburtszange. Umstritten bleibt die ideale Gebärhaltung. Zwischen dem 15. und frühen 19. Jahrhundert war der Gebärstuhl in Europa ein allgegenwärtiges Hilfsmittel bei der Geburt. Wohlhabende Frauen besaßen ihn, zu den Ärmeren brachte die Hebamme einen Stuhl mit – klappbar und damit leichter transportabel, wie das ausgestellte Stück aus dem 19. Jahrhundert zeigt.

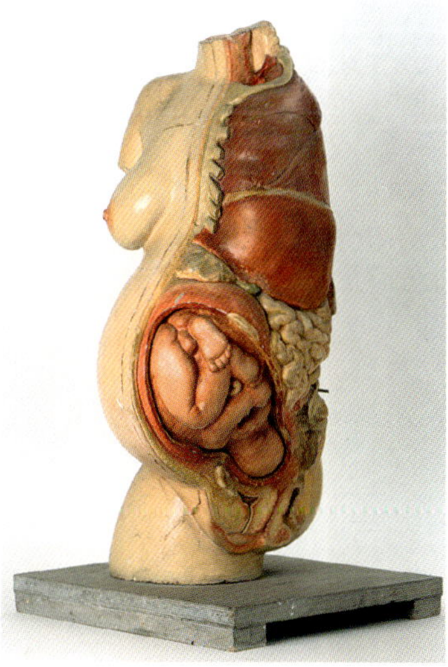

TORSO EINER SCHWANGEREN (MODELL)

GRUNDBUCH DES LEBENS

Der nächste Abschnitt des Ausstellungsrundgangs führt in jene molekularen Tiefen des menschlichen Organismus, deren gegenwärtige und zukünftige Erforschung eine Neubestimmung unserer Verantwortung verlangt. Im Jahr 1665 betrachtete Robert Hooke ein Stück Kork unter dem Mikroskop und verwendete dann erstmals den Begriff „Zellen". Die weitere Geschichte seiner Entdeckung war damals noch in keiner Weise abzusehen, denn erst 200 Jahre später beschrieben Forscher die Zelle als Grundbaustein des Lebens, aus dem alle tierischen und pflanzlichen Organismen aufgebaut sind.

Der Zellkern verwahrt im menschlichen Genom alle Informationen, die Aufbau und Funktion von Geweben und Organen steuern. Etwa 200 verschiedene Zellarten wirken im menschlichen Körper „arbeitsteilig" zusammen.

Ganz in der Tradition der Gläsernen Figuren haben die Werkstätten des Deutschen Hygiene-Museums 1986 auch eine „Gläserne Zelle" gebaut. Die Zellmembran des möbelartigen Modells ist durchsichtig dargestellt, um einen Blick ins Innere zu ermöglichen. Nebenan findet sich eine geöffnete Zelle in 100.000facher Vergrößerung, die im Auftrag der Max-Planck-Gesellschaft entstanden ist. Dass solche Modelle immer auch Artefakte sind, nicht aber Abbilder der Wirklichkeit, wird den Besuchern im direkten Vergleich deutlich:
In beiden Darstellungen nehmen Zellmembran, Zytoplasma, Zellkern, rauhes und glattes Endoplasmatisches Retikulum, Golgi-Apparat und Mitochondrium zum Teil grundverschiedene Gestalt an.

Die Ausstellung hält auch ein kleines Bestiarium der molekularbiologischen Forschung bereit. Aquarianer werden unter den Fischschwärmen, die durch ein großes Wasserbecken ziehen, einen alten Bekannten entdecken: den Zebrafisch (Danio rerio). Besonders Entwicklungsbiologen schätzen ihn, da die durchsichtigen Embryonen die Beobachtung der Gewebe- und Organentwicklung erleichtern. Auch die Fruchtfliege (Drosophila melanogaster), die im Alltag vor allem in Obstkörben und Biomülleimern auftritt, ist im Labor sehr beliebt: Ihr nur etwa 12-tägiger Entwicklungszyklus vom Ei bis zur ausgebildeten Fliege, der jährlich 30

HAARSINNESZELLE, T-LYMPHOZYT, FRESSZELLE, 2003

Fliegen-Generationen ermöglicht, macht die Fruchtfliege zum idealen Versuchstier. Ihre beeindruckende Nachbildung in 500facher Vergrößerung erinnert an bedeutende Modellorganismen der genetischen Forschung. Ab 1909 verhalf die Fruchtfliege dem Genetiker Thomas Hunt Morgan (1866-1945) in seinem so genannten „Fliegenzimmer" an der New Yorker Columbia University zu wesentlichen Erkenntnissen über den Mechanismus der Vererbung. Unter anderem wurde deutlich, dass in den Chromosomen noch kleinere Einheiten steckten: die Gene.

KRANKHEIT UND IMMUNSYSTEM

„Hygiene" war das Hauptanliegen des Museums. Es spricht für die Gesundheitspolitik, dass das Thema in vielen Ländern seine unmittelbare Dringlichkeit verloren hat. Moulagen vom Gesicht eines an Pocken Erkrankten (1976, Originalabformung um 1920) oder von Impfpusteln an der Bauchhaut eines Kalbes (entstanden zwischen 1907 und 1923) veranschaulichen die Schrecken dieser Krankheit, erinnern aber auch an den englischen Arzt Edward Jenner (1749-1823), mit dessen folgenreichem Experiment im Jahr 1796 die aktive Schutzimpfung begann: Ein Junge, den er mit harmlosen Kuhpockenviren impfte, war sechs Wochen später gegen eine Infektion mit dem gefährlichen menschlichen Pockenvirus geschützt. Wenn auch zu verschiedenen Zeiten heftiges Mißtrauen gegen Impfungen aufflammte – davon zeugt in der Ausstellung beispielsweise das Flugblatt „Die Pockenimpfung: der verhängnisvollste Aberglaube des 19. und 20. Jahrhunderts" aus dem Jahr 1923 –, konnte doch 1980 die weltweite Ausrottung der Pocken bekannt gegeben werden. Immer wieder tauchen jedoch neue und hoch gefährliche Krankheiten auf. Seit 1976 erstmals eine Ebola-Epidemie in Afrika die internationale Aufmerksamkeit erregte, zählt das Virus zu den gefährlichsten Erregern. Der ausgestellte Schutzanzug für Ebola-Forscher bezeugt es.

Genetische Veranlagung und Umweltfaktoren spielen bei der Entstehung von Allergien eine Rolle. In den letzten 20 Jahren haben sich allergische Erkrankungen in der Bevölkerung verdoppelt – möglicherweise auch infolge einer zu intensiven oder falschen Hygiene, die dem Immunsystem seine „natürlichen Gegner" (zum Beispiel Parasiten) entzieht. Die Liste der Allergie auslösenden Stoffe ist lang – die Hausstaubmil-

KINDER VOR DEM DROSOPHILA-MODELL

be, deren imposante Vergrößerung durch das Vitrinenglas blickt, ist nur ein besonders verbreitetes Beispiel. Sie findet in jedem gewöhnlichen Haushalt ideale Lebensbedingungen vor: Wärme, Feuchtigkeit, nahrhafte Hautschuppen im Überfluss.

Krebs gilt eher als eine Krankheit älterer Menschen. Bestimmte Veränderungen im Erbgut haben sich angesammelt, und das Immunsystem ist weniger leistungsfähig als in früheren Jahren. Wer Risikofaktoren vermeidet und die Früherkennung nutzt, kann die Wahrscheinlichkeit von Krebs verringern. Ballaststoffreiche Ernährung zum Beispiel kann das Darmkrebsrisiko erheblich senken. Schon seit Jahrzehnten weist die Gesundheitsaufklärung mit großen Plakataktionen darauf hin, viele Prominente wirken dabei mit. Das Museum zeigt Beispiele aus seiner rund 400 Plakate umfassenden Sammlung zur Krebsvorsorge, darunter einen

HOMÖOPATHISCHE HAUSAPOTHEKE, 1910

Aufruf zur Krebsvorsorgeuntersuchung „Sechs Millionen Männer und Frauen ...“ (1976), dem der damals populäre Fernsehkommissar Heinz Drache sein Gesicht lieh. Für Liebhaber häufiger und langer Sonnenbäder hält die Ausstellung eine mahnende Moulage zur Behandlung eines bösartigen Tumors der Haut (Basaliom, um 1954) bereit. Rechtzeitig operiert oder bestrahlt, sind die Heilungsaussichten gut.

„Wege der Heilung“ aufzuzeigen ist nur punktuell möglich. Gleichsam essayistisch werden darum Schlaglichter auf die wichtigsten Methoden geworfen, mit denen die Medizin körperlichen und seelischen Leiden begegnet. Den Glauben an die heilende Kraft höherer Mächte repräsentieren Objekte, die zu den ältesten der ständigen Ausstellung gehören: etruskische Votivgaben aus dem 4. bis 3. Jahrhundert v. Chr., plastische Nachbildungen von Kopf, Hand, Fuß, Gebärmutter und Penis, mit denen für die Genesung der entsprechenden Körperteile gedankt wurde. Eine ebenso kunstvolle wie robuste Reiseapotheke aus Süddeutschland (Anfang 18. Jahrhundert) mit ihren vielen Behältnissen aus Glas und Zinn erinnert an ein lange vor den modernen Wissenschaften kursierendes pharmakologisches Wissen. Die moderne Wissenschaft ermittelte spezifische Wirkungsweisen von Medikamenten, die nun gezielt hergestellt werden können.

Die Methoden einer alternativen Heilkunde, die sich von der „Schulmedizin“ abgrenzt, genießen teilweise

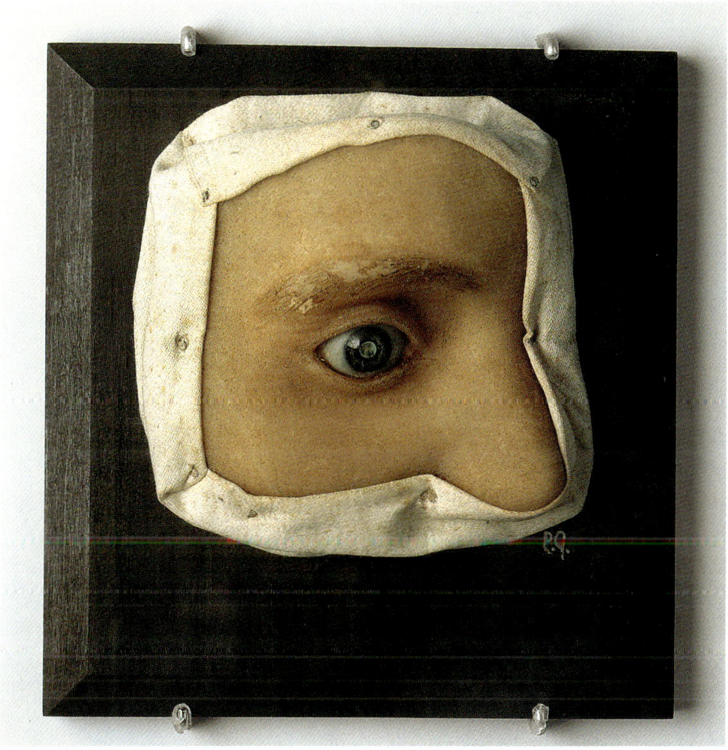

AUGE MIT GRAUEM STAR (MOULAGE), 1920ER JAHRE

hohe Akzeptanz, obwohl ihre Wirkung naturwissenschaftlich noch nicht geklärt ist. In die „Homöopathische Hausapotheke" von 1910 gehörten schon aufgrund des homöopathischen Krankheitsbegriffs weitaus mehr Fläschchen als in das konventionelle Gegenstück. Im Zentrum der Homöopathie, wie sie der aus Meißen gebürtige und zu internationaler Berühmtheit gelangte Arzt Samuel Friedrich Hahnemann (1755-1843) entwickelt hat, steht der ganze Mensch mit seiner Lebensgeschichte, nicht die aktuelle Erkrankung. Das Credo dieser von der Naturphilosophie inspirierten Therapie lautet: „Ähnliches wird durch Ähnliches geheilt" – eine Krankheit also durch extrem verdünnte Lösungen von Substanzen, die bei Gesunden entsprechende krankheitsähnliche Symptome zeitigen würden. Eine noch komplexere Naturlehre, in die der gesamte Kosmos einbezogen wird, steht hinter der Akupunktur. Eine chinesische Akupunkturtafel von 1865 zeigt „Energiebahnen" im Körper, die zugleich mit den Elementen der Natur korrespondieren und an be-

„DEUTSCHE BANK"

stimmten Punkten durch eingesetzte Nadeln beeinflusst werden.

DAS LEBEN ENDET

Eine Medieninstallation – die „Organ-Uhr" – zeigt den Besuchern, wie Körpertemperatur, Hormonausschüttung, Herzschlag und viele weitere Körperfunktionen einem vorgegebenen inneren Rhythmus folgen. Neben dem täglichen „Zeitkreis" des Organismus stellen die Alterung und das Sterben der einzelnen Zellen eine Art Zeitpfeil dar. Die Leistungsfähigkeit des menschlichen Körpers erreicht schon mit etwa 30 Jahren ihren Höhepunkt und nimmt danach kontinuierlich ab. Eine Moulage von einem an grauem Star erkrankten Auge sowie eine Serie von Wirbelsäulen und menschlichen Kiefern von Neugeborenen, Kindern, Erwachsenen und Greisen zeigen in der Ausstellung verschiedene Symptome des Alterns.

Dank immer besserer Ernährung und medizinischer Versorgung steigt die durchschnittliche maximale Lebenserwartung in den Industrienationen seit 160 Jahren kontinuierlich an. Da deshalb der Bevölkerungsanteil alter Menschen wächst, haben Sozialplanung, Urbanistik, Architektur und Design die „Altersgerechtigkeit" als interessantes Experimentierfeld entdeckt. Wie lassen sich alltägliche Dinge gestalten, die den Bedürfnissen alter Menschen wirklich entsprechen, ohne sie zugleich zu diskriminieren? Die Angebote, wie sie etwa im Rahmen des interdisziplinären Forschungsprojekts sentha (Seniorengerechte Technik im häuslichen Alltag) zwischen 1997 und 2003 erarbeitet wurden, sind vielfältig: Die „Zeitung hören" (Harald Kollwitz) kann man über einen telefonischen Vorleser, den ein Scanner über einer mit Strichcodes versehenen Zeitung aktiviert. Das „Vergissmeinnicht" (Yung-Jui Kung und Lin Zheng) erinnert an Termine und vergessene Gegenstände. Die abnehmbaren „Blütenblätter" werden an Dinge geheftet, das Gerät selbst wird am Körper getragen und signalisiert, wenn man sich zu weit entfernt. Eine aufklappbare Wanne „Wash & Go" (Mathias

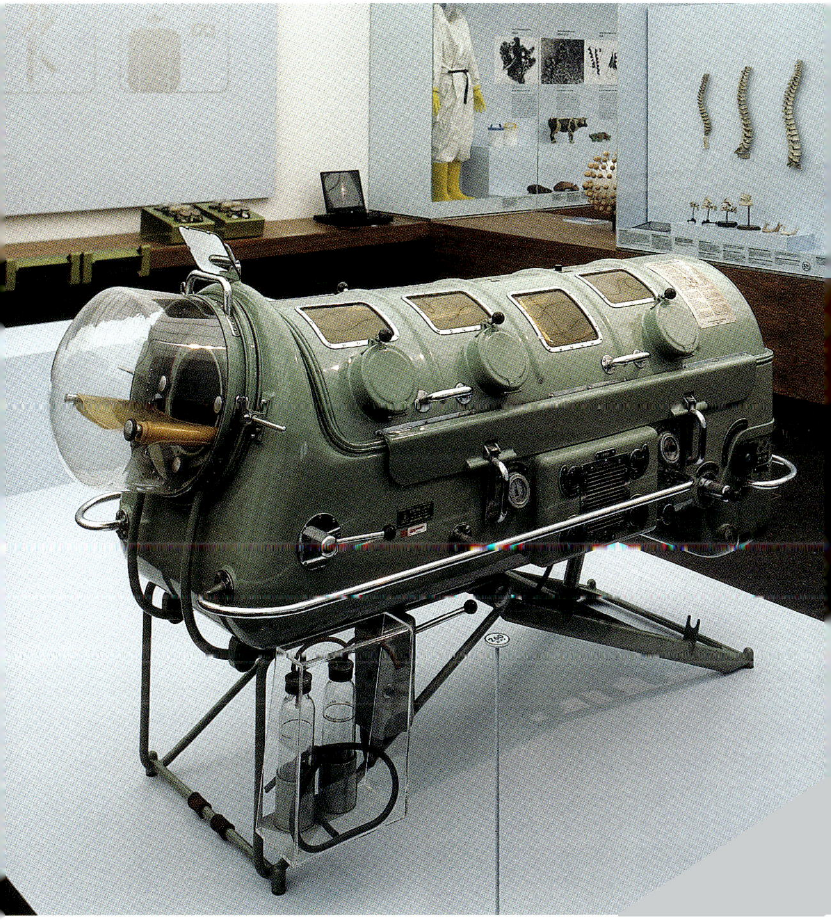

EISERNE LUNGE, UM 1959

Knigge) macht das Baden sicher. Der Einkaufstrolley (Uwe Brüderle) kann gegen Gebühr im Supermarkt ausgeliehen werden, wenn die Last zu groß ist. Bauzäune gibt es fast überall – warum sie nicht als Sitzfläche, als „Deutsche Bank" (Andreas Bergmann) gestalten? Um Verständnis für die Probleme alter Menschen im Alltag zu wecken, haben Designer der Bauhaus-Universität Weimar (Axel Kufus, Harald Kollwitz) eine Reihe von einfachen „Tools" gebaut, mit denen die Ausstellungsbesucher „Alter spüren" können – etwa einen unsicheren Gang, schlechte Augen oder zitternde Hände.

Die lebensverlängernde Medizintechnik wirft Fragen auf. Dazu leitet ein sargähnliches Gebilde über, eine Eiserne Lunge von 1959. Der Patient liegt bis zum Hals in einer Tonne aus Metall. Darin wird ein Unterdruck erzeugt, Brust und Bauch heben sich, die Lunge füllt sich mit Luft. Lässt der Druck nach, atmet der Mensch aus. Wer – zum Beispiel aufgrund einer schweren Lungenkrankheit oder einer Verletzung – nicht mehr selbst Luft holen kann, wird von der Eisernen Lunge gleichmäßig beatmet. Das erste Gerät dieser Art baute der amerikanische Ingenieur Philip Dinker 1929. Die frühesten Eisernen Lungen erinnerten an Unterwasserboote, und tatsächlich wurden sie aus alten Schiffsteilen konstruiert: Torpedorohre dienten als Druckkammer, das Getriebe für den Blasebalg stammte aus Fischkuttern. Als nach dem Zweiten Weltkrieg und bis weit in die 1950er Jahre die Kinderlähmung grassierte, bei der eine Lähmung der Atemmuskulatur zum Tod führen kann, halfen Eiserne Lungen, das Leben vieler Jungen und Mädchen zu retten.

RÖMISCHE GRABSTELE, ENDE 2. JH. N. CHR.

Wann ist der Mensch tot? Das Kriterium des Hirntods wird kontrovers diskutiert. Seine Einführung wurde notwendig, nachdem die Medizintechnik es möglich gemacht hatte, Herz- und Lungenfunktion künstlich aufrechtzuerhalten. Für die Transplantationsmedizin markiert der Hirntod den Moment, von dem an unter gesetzlich geregelten Voraussetzungen Spenderorgane aus dem Körper entnommen werden können. Die Ausstellung behandelt die bis ins 18. Jahrhundert zurückweisende Suche nach Möglichkeiten, den Tod eindeutig festzustellen. Damals nahm die Furcht vieler Menschen, lebendig begraben zu werden, obsessive Züge an. Mediziner entwickelten unterschiedliche Techniken, den Tod sicher festzustellen – oder die Scheintoten zu retten. Die Ausstellung stellt dazu verwendete Instrumente vor: Klistierspritzen aus Zinn, Holz oder Silber, mit denen Salz- oder Kräuterlösungen direkt in den Darm gespritzt wurden, und Aderlass-Gerätschaften zur Anregung des Blutkreislaufs.

Neue Formen des Totengedenkens haben sich nicht zuletzt im Zusammenhang mit der Seuche AIDS und ihren vielen jung verstorbenen Opfern herausgebildet. Ein „AIDS-Quilt" (1999) dokumentiert die 1987 in den USA aufgekommenen Erinnerungstücher. Stellvertretend für die unzähligen und vielfältigen Bildnisse von Toten, die in Jahrtausenden geschaffen wurden, steht in der Ausstellung eine Römische Grabstele mit neun Porträts vom Ende des 2. Jahrhunderts n. Chr.; oft waren es Freigelassene, die mit solchen Stelen den eigenen

PORTRÄT EINER VERSTORBENEN (RUDOLF SCHÄFER). UM 1980

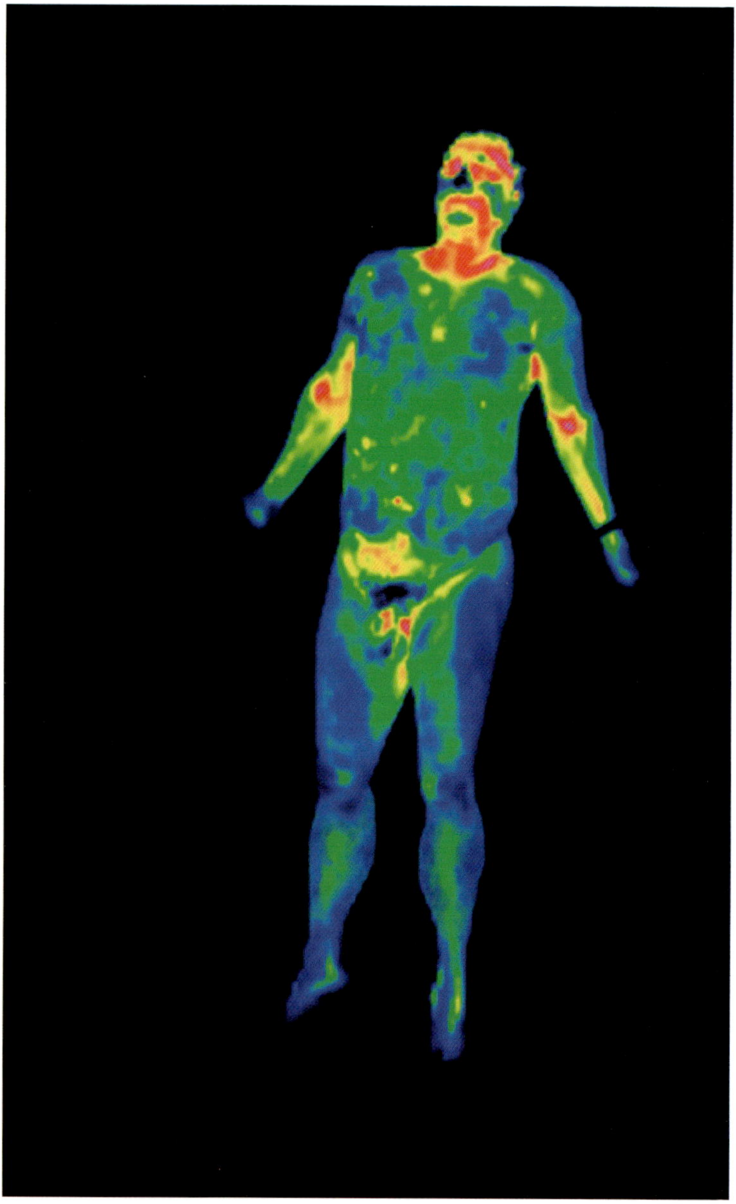

LEICHNAM IM INFRAROTBILD

Wohlstand, aber auch Dankbarkeit gegenüber ihren ehemaligen Herren demonstrierten. Eine zeitgenössische Variante veröffentlichte Rudolf Schäfer 1989 in seinem Buch *Visages de Morts – Der Ewige Schlaf*: Porträts von Toten, die er in der Berliner Charité fotografiert hatte. Würde, Ruhe und unerwartete Sinnlichkeit gehen von diesen Aufnahmen aus.

Ein Computerbild am Ausgang des Raums zeigt das Erkalten des Organismus (um etwa 1 Grad Celsius in der Stunde) im Zeitraffer. Solche Wärmebilder können mit einer herkömmlichen Infrarotkamera erzeugt werden. Sie veranschaulichen, dass der Tod ein kontinuierlicher Prozess ist, der sich vom Aussetzen der vitalen Körperfunktionen bis zum Absterben der letzten Zelle erstreckt.

Goldbr

RAUM 3
ESSEN UND TRINKEN

Ein Gemälde des flämischen Barock wartet am Eingang des Raums auf die Besucher: „Der Gemüsehändler" aus der Schule des Frans Snyders (1579-1657). Wie bei vielen Stillleben dieser Epoche steckt hinter der appetitanregenden Opulenz der feilgebotenen Kohlköpfe mehr als die Beschwörung von Üppigkeit und Wohlstand; Spargel und Artischocke spielen traditionell auf die menschlichen Genitalien an, das Eichhörnchen galt seit dem Mittelalter als Verkörperung des Teufels, des Verführers. Eine moralische Botschaft also, wie sie bis heute in vielen Empfehlungen zur „gesunden Ernährung" steckt. Das Museum verzichtet bewusst auf die Rolle einer ernährungspädagogischen Instanz, und die „Zehn goldenen Regeln" für gesundheitsbewusstes Essen, die den Besuchern beim Betreten des Raums entgegenleuchten, hätte ein passionierter Koch wohl nicht anders formuliert als die Deutsche Gesellschaft für Ernährung, die sie aufgestellt hat.

EINVERLEIBUNG

Essen dient der Versorgung des Körpers mit lebensnotwendigen Nährstoffen; es ist aber auch ein sinnliches Erlebnis – zuerst des Sehens und Riechens, dann des Schmeckens, Kauens und Schluckens. Die Ausstellung stellt daher zunächst das sensible Instrumentarium vor, mit dem sich der Körper in der Reizvielfalt des Essens orientiert: An erster Stelle steht das große Modell einer Zunge aus Holz (geschaffen zwischen 1956 und 1961). Über die ganze Zunge verteilt, verbergen sich in jeder der samtigen Pilz-, Blatt- und Wallpapillen bis zu 100 feinste Geschmacksknospen, Sinneszellen für Süßes, Saures, Salziges, Bitteres sowie den Fleischgeschmack „Umami". Veraltet ist die Vorstellung, die ein zum Vergleich gezeigtes Modell „Wo schmeckt man?" (nach 1921) dem damaligen Forschungsstand entsprechend wiedergibt – denn wie wir heute wissen, sind die spezifischen Sinneszellen keineswegs auf bestimmte Regionen der Zunge beschränkt.

Ein lackiertes Gipsmodell des aufgeschnittenen Nasen-Rachen-Raums (um 1920) führt in jene Wahrnehmungszone ein, die zum Erkennen und Genießen der Speisen weit mehr beiträgt als die Zunge – den Sitz des Geruchssinns. Der Mensch kann bis zu 10.000 verschiedene Gerüche erkennen, wenn auch nur etwa 100

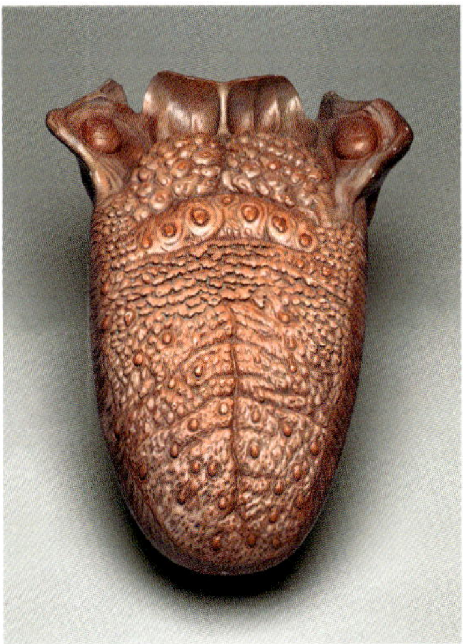

ZUNGE (MODELL), 1956-1961

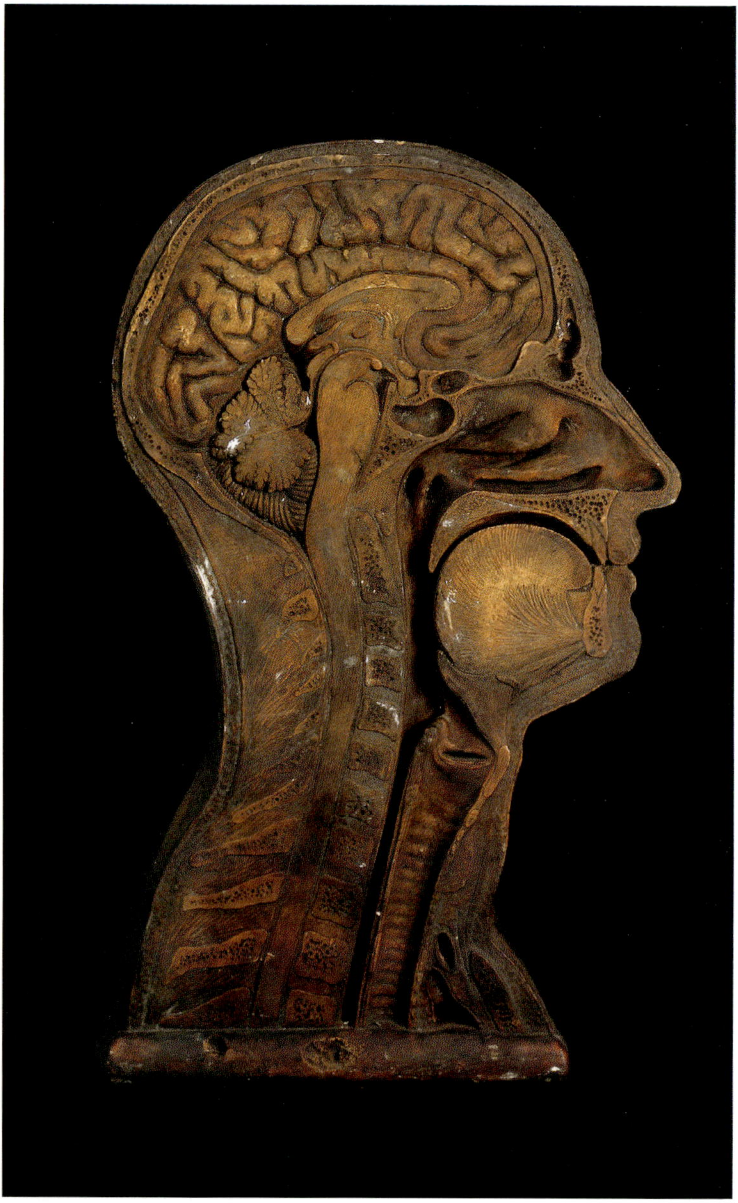

SCHNITT DURCH DEN KOPF, UM 1920

begrifflich fassen. Bei Schnupfen schmeckt bekanntlich jedes Essen fade. Die Nahrungsmittelchemie hat mittlerweile viele Geheimnisse der natürlichen Aromen gelüftet: Dass spanisches Olivenöl einen Duft wie schwarze Johannisbeeren hat, liegt an einer beiden gemeinsamen Schwefelverbindung. In welchem Umfang sich aufgrund entsprechender Kenntisse Aromen synthetisch erzeugen lassen, können die Besucher an einer Reihe von Riechkolben erproben, die in ihrer Gesamtheit die Duftimpression eines Frühstücks bei offenem Fenster zu erzeugen versprechen.

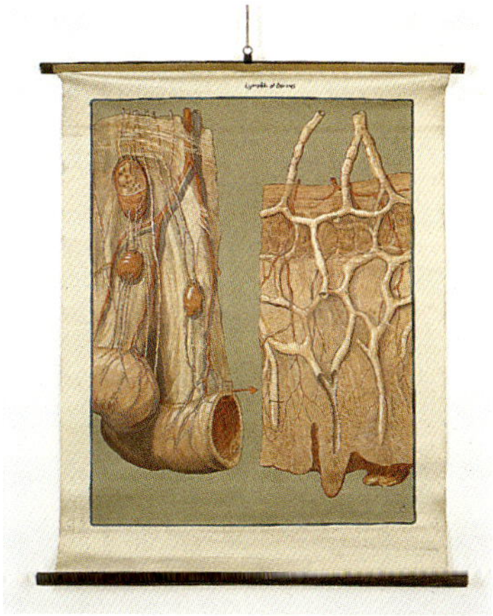

LEHRTAFEL „BAU DER DARMWAND“

Nach dem Schlucken gelangt die Speise weiter in den Körper. Ihre Zersetzung und Verwertung findet fast unbemerkt statt. Mit der ganzen Produktpalette, die seit den 1920er Jahren in den einstigen Museumsateliers entwickelt wurde – anatomische Modelle, Moulagen, Glasdias, Lehrtafeln und Präparate –, lassen sich Aufbau und zelluläre Mikrostruktur des Verdauungstraktes aus immer neuen Blickwinkeln erfassen: Speiseröhre und Bauchspeicheldrüse, voller und leerer Magen, Dünndarm, Leber und Niere. Vergrößerungen wie die einer Darmzotte veranschaulichen, warum der vier Meter lange Dünndarm gegenüber einem glatten Rohr eine tausendfach vergrößerte Oberfläche hat: Schleimhautfalten, Zotten, vor allem aber der Bürstensaum der Schleimhautzellen tragen dazu bei.

DÜNNDARMSCHLINGE (PRÄPARAT), UM 1960

Besondere Bedeutung gewinnen in diesem Raum die Lehrtafeln, die früher zum Bestand jedes schulischen Biologiesaales gehörten. Heute sind sie im Zeichen fortgeschrittener Multimediatechniken im Unterricht selten geworden. „Der Bau der Darmwand“, „Verdauungsorgane

Harnapparat", „Verdauungsorgane" (alle 1923-1945) und „Das gesunde Gebiss" (1955-1989) dokumentieren die hohe Qualität der hauseigenen Lehrmittelproduktion auch auf diesem Gebiet. Die Bildtafeln der Museumswerkstätten in vielfarbiger Lithographie ersetzten erstmals schematische Zeichnungen durch die naturgetreue Wiedergabe des Körpergewebes. Der „Internationale Gesundheitsdienst", gleichsam die Vertriebsorganisation des alten Museums, verzeichnete schon 1931 über 300 Titel im Angebot.

Die Nahrung muss im Körper lange Wege zurücklegen, wie ein Übersichtsmodell des Verdauungstrakts aus Papiermaché (1950er Jahre) zeigt. In der Mundhöhle bleibt sie eine halbe bis eine Minute lang; die Speiseröhre von etwa 25 Zentimeter Länge ist in zehn Sekunden bewältigt – wenn nichts schiefgeht. Ein „Grätenfänger nach Fergusson" (1915) bezeugt die manchmal berechtigte Angst vor dem Fischverzehr, obwohl Gräten natürlich nicht das einzige sind, was uns im Hals stecken bleiben kann. Die Passage der Nahrungsmittel vom Magen bis zum Enddarm zieht sich länger hin – sie dauert 25 bis 30 Stunden. Weite Strecken des gesamten Nahrungsweges können die Besucher mit Hilfe einer endoskopisch aufgenommenen Filmfahrt durch den Verdauungstrakt am Bildschirm nachvollziehen.

ERNÄHRUNG UND GESUNDHEIT

Das Nahrungsangebot in den reichen Ländern ist heute groß, klassische Mangelkrankheiten sind hier fast ganz verschwunden. Die Ausstellung zeigt eine Gruppe aus drei lebensgroßen Gipsfiguren von Kleinkindern nach dem Entwurf des Künstlers A. Berger. Vorgestellt wurden solche Figuren 1926 in der großen Ausstellung GESOLEI in Düsseldorf. Was man auf den ersten Blick für eine Sandkasten-Idylle halten könnte, erweist sich für geschulte Augen als

ABGUSS EINES MANNES MIT RACHITISCHER KNOCHENVERFORMUNG, ORIGINAL VOR 1914

Vergleich eines gesunden Kindes mit zwei – leicht bzw. schwer – durch Rachitis geschädigten Altersgenossen. Rachitis war eine charakteristische Krankheit der modernen Industriestädte mit ihren lichtarmen Hinterhöfen: Fehlte den Kindern Calcium, das meist durch Milch aufgenommen wird, konnten ihre Knochen nicht aushärten und verformten sich; Calcium selbst braucht jedoch das Vitamin D, das der Körper unter dem Einfluss von Sonnenlicht entwickelt. Einiges über diese Zusammenhänge wusste man seit 1921. Dass der Kinderschreck Lebertran – der wie fetter Fisch Vitamin D enthält – Rachitis vorbeugt, war bekannt. Aus der Zeit vor dem Ersten Weltkrieg stammt die schockierende Originalabformung eines 28-jährigen Mannes mit schwersten, im Kindesalter erworbenen rachitischen Knochenverformungen – die Besucher können die Skulptur unter ihrer schützenden Vitrinenhaube sehen. Indes dürften so erhebliche Deformationen, wie sie dieser Abguss zeigt, auch zu Beginn des 20. Jahrhunderts eher die Ausnahme gewesen sein.

Natürlich hat auch der Überfluss schon immer gesundheitliche Leiden nach sich gezogen. Die Gicht galt als Krankheit der reichen Schlemmer, die allzu viel Fleisch auf den Teller bekamen und deshalb von den schmerzlichen Folgen eines erhöhten Harnsäurespiegels heimgesucht wurden. Die Figurengruppe „Der Schmerz" aus Meißener Porzellan nach dem Original von Johann Joachim Kaendler (1706-1775) zeigt – wohl auch als mahnendes Sittenbild – einen Patienten, der seinen erkrankten Fuß auf einen typischen Gicht-Schemel lagert. Weitgehend jenseits von moralischen Wertungen wird eine falsche oder zu üppige Ernährung heute längst auch mit Arteriosklerose, Herzinfarkt und Schlaganfall in Zusammenhang gebracht. Zwei Modelle, die erst nach 1960 entstanden sind, zeigen eine gesunde und eine verkalkte Arterie. Die Leidensgeschichte eines Ess-Süchtigen können die Besucher über Kopfhörer vernehmen, und über die Vielfalt von Diäten informiert eine eigene Medieneinheit.

Auch wenn die vorbeugende Zahnpflege besonders viel bewirken kann – bei gut 95 Prozent der Bevölkerung sind die Zähne von Karies befallen. Zeigen sich erste Löcher, hilft nur das Bohren. Die Medizintechnik hat schon früh Erstaunliches vollbracht, um die gefürchtete Behandlung möglichst zu beschleunigen. Die Apparatesäule „Ritter Unit" vermittelt einen Eindruck von den Geräten, die um 1935 in einer durchschnittlichen Zahnarztpraxis in Gebrauch waren. Im Jahr 1917 aus den USA eingeführt, bot die Apparatesäule den Vorteil, dass sie zahlreiche zur Behandlung benötigte elektrische Teile – Bohrer, Lampe, Luftbläser, Wasserdüsen – zu einer Einheit verband. Schon 1886 war ein Apparat entworfen worden, mit dem sowohl trockene, feuchte und warme Luft als auch warmes Wasser erzeugt werden konnten. Die Versorgung mit Wasser und Luft in einem Handstück war für den Zahnarzt eine große Erleichterung. Nicht weniger hilfreich war die

Einführung des Kompressors: Das Wasser ließ sich nun viel einfacher im Mund versprühen. Bei Bohrern wurde noch bis in die 1960er Jahre die Kraft vom Außen-Motor auf das Handstück mit dem Bohrkopf übertragen. Heutige Bohrer hängen nicht mehr an einem Schwenkarm mit Transmissionsbändern; ein Kleinstmotor sitzt direkt im Handstück.

DAS FABRIZIERTE ESSEN

Von der Decke grüßt raumbeherrschend die riesige Leuchtreklame mit dem Schriftzug „Goldbroiler" und einem erwartungsfroh hechelnden, sogar schwanzwedelnden Fuchs – vielen Dresdnern ist das Relikt vom alten Gasthof in Blasewitz, der Ende der 1960er Jahre in eine „Goldbroiler"-Gaststätte umgewandelt wurde, wohl bekannt. Die DDR-Planwirtschaft erwartete von der Versorgung mit Grillflügel die Lösung zweier Probleme: Es gab zu wenig Restaurants, und die Bevölkerung aß zu viel Schweinefleisch. 1963 beschloss daher der VI. Parteitag der SED, die Aufzucht von Hühnern industriell zu organisieren. Die nötige Technik ließ man aus dem Westen kommen, wo die „Wienerwald"-Kette schon seit 1955 – nach einer aus den USA importierten Geschäftsidee – preiswerte Grillhähnchen zum Verzehr im Restaurant oder zum Mitnehmen anbot. Der Name „Broiler" bezeichnete ein spezielles Mastgeflügel ohne Unterscheidung zwischen weiblichen und männlichen Tieren. Die ersten „Goldbroiler"-Gaststätten öffneten 1967 in Berlin ihre Türen; sie waren ein großer Erfolg. Der Schriftzug des Restaurants in Blasewitz wurde 1992 ins Museum überführt und für die neue ständige Ausstellung aufwändig restauriert. Denn wie viele Leuchtreklamen der DDR ist auch diese ein kunsthandwerkliches Einzelstück. Der Grafiker Karl Junghans hat sie entworfen. Das rötlich schillernde Licht wurde durch gefärbtes Granulat aus zermahlenem Glas erzeugt, das auf die transparente Oberfläche der einzelnen Buchstaben aufgebracht worden war.

Aus industrieller Herstellung stammen heute über 80 Prozent unserer Nahrung. Auf die Bierbrauerei, einen Produktionszweig, der schon sehr früh zur Fabrikproduktion mit Kühltechnik und Dampfkraft übergegangen ist, verweist das Modell eines maschinenbetriebenen „Läuterbottichs" (1907). Nachdem beim vorhergehenden Maischen die Enzyme des Gerstenmalzes die Stärke in Zucker verwandelt haben, wird die flüssige zuckerhaltige Würze aus den festen Kornbestandteilen (dem Treber) herausgefiltert. Im Modell ist das Aufhackwerk zu sehen, das den Treber hierzu immer wieder auflockert, sowie der Lochboden, durch den die Würze schließlich abläuft. Industrialisierung bedeutete auch die Verwissenschaftlichung der Landwirtschaft, und dafür stellte das Deutsche Hygiene-Museum 1959, pünktlich zum 10. Jahrestag der DDR, einmal mehr eine Gläserne Figur bereit – diesmal nicht einen Menschen, sondern eine Kuh. Sie war zur Ausbildung von Landwirten, Tierzüchtern und Tierärzten gedacht. Noch im Jahr ihrer Premiere reiste sie zur Weltlandwirtschaftsausstellung nach Neu-Delhi, wo mehr als eine Million Besucher das Dresdner Wunderwerk bestaunten. Indien zählte zu den wichtigsten Ländern unter den von West und Ost umworbenen „Blockfreien", daher hatte die DDR weder Kosten noch Mühen gescheut, sich als fortschrittliches Agrarland zu präsentieren. Auch Premierminister Jawaharlal Nehru besuchte den Ausstellungsstand – bei dem Erinnerungsbild freilich, das noch bis 1985 den Verkaufsprospekt „Gläserne Figuren" zierte, handelte es sich um eine Fotomontage. Bis Anfang der 1980er Jahre wurden acht weitere Gläserne Kühe hergestellt und verkauft: u.a. in das damalige West-Berlin, in die Mongolei, nach Mexiko, Brasilien, Bolivien und Kuweit. Zusammen mit dem „Gläsernen Pferd", von dem das Museum selbst leider kein Exemplar besitzt, stellte die Kuh größte Anforderungen an die hauseigene Lehrmittelproduktion: Allein zwei Tonnen Gips waren nötig, um die Gestalt des Tierkörpers mitsamt dem Kälbchen im Bauchraum abzunehmen. Für das Skelett wurden 197 Teile aus Aluminium geformt; die Darstellung der Arterien, Venen und Nerven erforderte 60.000 Meter Draht.

Die industrielle Agrarproduktion ging seit der ersten gesetzlichen Regelung 1879 mit einer verschärften staatlichen Überwachung der Nahrungsmittel einher. Das Modell vom Kopf eines Schweinebandwurms (Taenia solium, 1930-1955) muss heute niemanden mehr das Fürchten lehren: Regelmäßige Fleischbeschau und verbesserte Hygiene-Standards haben den Parasiten, der sich an der menschlichen Darmwand festsaugt und meterlang werden kann, in Europa selten werden lassen.

DRESDNER CHRISTSTOLLEN (JACQUELINE MERZ), 2004

Doch hat die Massentierhaltung auch neue Gesundheitsrisiken geschaffen. Das tonnenschwere Werkzeug, das in der Ausstellung vor der Gläsernen Kuh steht, dürfte Fernsehzuschauern aus Sendungen über den „Rinderwahnsinn" bekannt sein: Die so genannte Grobbrecherwelle zerkleinert die Kadaver in höchstens fünf Zentimeter große Stücke, die anschließend bei 140 Grad Celsius 30 Minuten sterilisiert werden. Das keimfreie Material wurde zunächst größtenteils zu Tiermehl weiterverarbeitet, bis sich die Erkenntnis durchsetzte, dass hier ein wesentlicher Übertragungsweg der „bovinen spongiformen Enzephalopathie (BSE)" vorlag.

Die Rationalisierung und Automatisierung der Nahrungsmittelproduktion setzten sich schließlich bis ins Einkaufs- und Konsumverhalten und in die Küchenarbeit fort. Die Küche ergonomischer zu gestalten, war schon in den 1920er Jahren Ziel von Designern. Zum Pop-Art-Futurismus gehört dagegen die von der bemannten Raumfahrt inspirierte und von Hasso Gehrmann entworfene erste vollautomatische Küche der Welt (1965-1971). Sie hat drei Bereiche: in der Mitte einen Arbeitsplatz, links eine Säule für die Geräte, rechts eine Säule als Essplatz und Vorratsschrank. Von der Zentrale in der Mitte aus wird jedes Gerät durch Knopfdruck gesteuert. Ein Monitor verzeichnet die Aktivität; auf dem Bildschirm können aber auch Rezepte erscheinen. Ein gläserner Zylinder links schirmt den Back- und Grillofen ab; mit dem Pedal unter dem Arbeitsplatz kann man ihn zum Säubern in die Spülmaschine versenken. In Sitzhöhe befinden sich vier Kochplatten, der Müllschlucker und das Spülbecken, dazu Steckdosen für Toaster, Waage, Mixer. Weiter unten werden im Drehfach die Töpfe aufbewahrt. Das zur Linken Gekochte wird zur Rechten serviert. Um die Mittelsäule, die oben einem Vorratsschrank und unten einem Kühlschrank Platz bietet, lässt sich eine Warmhalteplatte drehen. Dem 1971 vorgestellten Prototyp war als Designobjekt weltweite Bewunderung sicher; er ging freilich nie in Serie. Der Mikrowellenherd „Radarange" von 1970, den die Ausstellung als eines der frühesten Beispiele seiner Art vorstellt, veränderte hingegen das Küchengeschehen grundlegend: Mit ihm wurde nicht mehr gekocht, sondern das eingekaufte Fertiggericht erwärmt. Trotz der rasanten Ausbreitung von Fastfood, das übrigens in der langen Geschichte menschlicher Nahrungsaufnahme eine umfassendere Rolle gespielt hat, als wir es uns eingestehen wollen: Kulturpessimismus ist beim „Essen und Trinken" fehl am Platz, denn auch hier stehen der „Beschleunigung" vielfältige Strategien der „Entschleunigung" gegenüber. Die Ausstellung zeigt dazu Beispiele – vom wiederentdeckten „Schwäbisch-hällischen Landschwein" über die gehegte Apfelvielfalt der Streuobstwiesen bis hin zum altbekannten Dresdner Christstollen. Mit einer engagierten Hobby-Kochkunst verbindet sich heute auch die Pflege regionaler Produkte und Speisen.

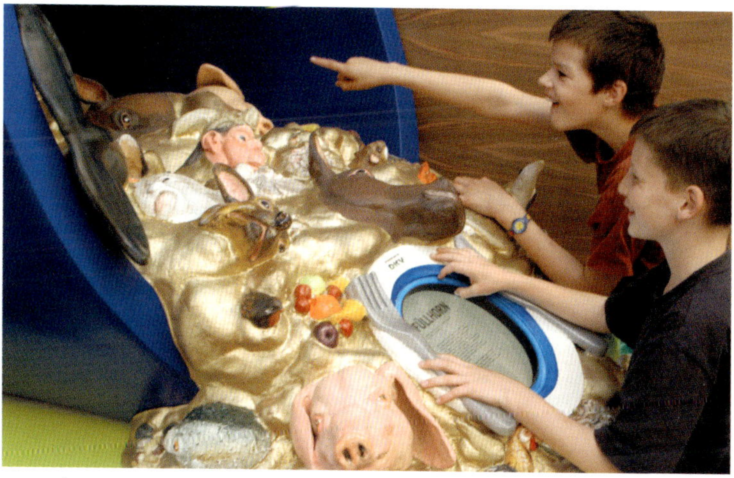

DAS „FÜLLHORN"

Nahrung muss ausreichend Energie und Nährstoffe wie Vitamine und Mineralien liefern, doch die verschiedenen Weltregionen weisen eine jeweils unterschiedliche Palette an Nahrungsmitteln auf.

Zwei Medieninstallationen widmen sich diesem Aspekt: das „Füllhorn", eine Arbeit der Bühnenbildnerin Tina Kitzing von 2004. Berührt der Besucher die herausquellenden Nachbildungen von Tieren und Pflanzen, erscheinen auf einem tellerartig gerahmten Monitor Informationen zu deren Ernährungs- und Genusspotenzialen, zu Verbreitung und spezifisch ökologischen Aspekten. Die Genießbarkeit von Rind, Huhn, Lamm, Schwein, Gemüse, Obst und Pilzen wird keine Überraschung darstellen – die von Schlange, Hund und Ratte für Europäer aber vielleicht doch. Beigegebene Rezepte lassen sich per E-Mail versenden. Wer würde nicht gern einmal „Spaghetti mit Mehlwurm-Topping" oder „Krokodil mit Gemüse" nach Art von Singapur oder New Orleans versuchen – fettarme und zugleich nährstoffhaltige Gerichte, wie sie heute gerade in wohlhabenden Ländern bevorzugt werden? Die zweite Informationseinheit hat die Form eines Ratespiels am Computer – „Tischlein deck dich international". Das Szenario: Zehn Studenten nehmen an einer internationalen Konferenz teil. Unter ihnen sind Angehörige von Religionen, die besondere Speisegesetze haben, andere sind Vegetarier oder haben einen Enzymmangel, der ihnen den Genuss bestimmter Speisen, vor allem der Milchprodukte verbietet. Was tun? Der Besucher wird zum Chefkoch: Aus jeweils zehn möglichen Vorspeisen, Hauptgerichten und Desserts gilt es das Menü herauszufinden, das alle mit Genuss und ohne Reue verzehren können.

„Genial.“
„Verbindend.“

„Wir wurden von einem Gewitter überrascht."
„Peinlich."
„Schmerzhaft."
„Ausbaufähig."

RAUM 4
SEXUALITÄT

Sexualität prägt das Verhalten des Menschen und die Erscheinung seines Körpers. Von diesen Zusammenhängen handelt – gleichsam in Form einer Geschichte, die mit der Partnerwahl beginnt und mit der Partnerschaft endet – dieser Raum der Ausstellung. Er zeigt keinen geraden Weg, ermöglicht aber die Auseinandersetzung mit dem spannungsgeladenen Verhältnis von Lust und Liebe, Tabu und Freizügigkeit, Selbstentfaltung und Verantwortung im menschlichen Sexualleben.

PARTNERWAHL

An „Schmetterlinge im Bauch" wird man von dem Vitrinenkasten mit Frost- und Schneespanner, Silbergrünem Bläuling, Klee-, Quecken-, Eichen- und Birkenspinner, Grasglucke und Zitronenfalter erinnert. Wie bei den drei in räumlicher Nachbarschaft ausgestellten Vogelarten der Stockente, dem Feldsperling und dem Buntfalken – werden jeweils ein Männchen und ein Weibchen gezeigt; die Pärchen verweisen auf den so genannten Sexualdimorphismus. Während sekundäre oder primäre äußere Geschlechtsmerkmale bei Tieren unterschiedlich stark in Erscheinung treten, sind sie beim Menschen meist prägnant ausgebildet. Die Kleidung unterstreicht dies noch, wie die zehn Bilder aus der Serie „Naked New York" des Fotokünstlers Greg Friedler (1997) zeigen. Er hat einfach Menschen auf der Straße angesprochen und gebeten, für ihn Modell zu stehen. Friedlers Bilder lassen erkennen, wie Kleider einerseits das Selbstbild und die Wirkung auf andere bestimmen und wie irritierend andererseits Nacktheit wirkt, soweit sie nicht offenkundig inszeniert wurde.

Verschiedene Epochen und Kulturen bringen unterschiedliche Schönheitsideale hervor. Die Ausstellung zeigt attraktive Körper und sympathische Gesichter – und erst beim näheren Hinsehen erfahren die Besucher, dass sie überwiegend durch die Rechenkünste von Computern erzeugt wurden. So zum Beispiel die drei digital simulierten Aktporträts, die den Idealmaßen der japanischen, amerikanischen und deutschen Frau entsprechen – wohlgemerkt aus männlicher Perspektive, denn die Körpermaße wurden anhand von japanischen, amerikanischen und deutschen Herrenmagazinen aus der Zeit zwischen 1979 und 1999 errechnet. Obwohl sich Vorlieben für kleine oder große Hüftumfänge und Oberweiten unterscheiden, bleibt der so genannte „Hüftindex" konstant. Manche Evolutionsbiologen glauben, ein bestimmtes Verhältnis zwischen Taillen- und Hüftumfang als universelles „Attraktivitätsmerkmal" ausgemacht zu haben – das möglicherweise mit der erwarteten Gebärfähigkeit zu tun habe. Die Nachbildung einer 4000 Jahre alten Statuette einer Frau aus dem Iran scheint die Theorie vom „Hüftindex" in geometrischer Abstraktheit zu bestätigen.

Durchschnitt ist schön – zumindest lässt eine Fotowand mit Gesichtern diesen Schluss zu. Teils handelt es sich um Porträts wirklicher Menschen, teils um Morphing-Produkte des Computers, der jeweils eine Gesichtshälfte gespiegelt und dann bis

FRAUENSTATUETTE, 2000 V. CHR. (KOPIE)

zu 50 Porträts übereinander kopiert hat. Auf diese Weise entstehen perfekt symmetrische und „durchschnittliche" Gesichter, wie sie in der Natur nicht vorkommen. Die Besucher können hier raten, welche Gesichter künstlich und welche echt sind. Und sie können mit einer „Repose Frontal Mask" an sich und am eigenen Spiegelbild erproben, ob die Linien zwischen Augenbrauen, Nase, Mund und Kinn auf der transparenten Maske mit den eigenen Maßen deckungsgleich sind – dann entsprächen sie nämlich dem Proportionsideal des „Goldenen Schnitts".

Um den „perfekten" Körper zu erreichen, wird viel investiert, mitunter auch viel gelitten. Die Ausstellung zeigt dazu u.a. zeitgenössische Hilfsmittel der Brustvergrößerung inklusive eines geplatzten Silikon-Implantats, sie führt aber auch in die Geschichte zurück. Das Museum verfügte schon in seiner Gründungszeit über eine Abformung vom Fuß einer Chinesin, der in ihrer Kindheit eingebunden worden war: Der „Goldene Lotus" im Pantöffelchen aus Samt war in China noch bis zur kommunistischen Machtübernahme 1949 Ziel männlichen Begehrens. Die Füße der fünfjährigen Mädchen wurden mit Stoffstreifen bandagiert, die immer fester gezogen wurden, bis die Knochen sich charakteristisch verformten. Je winziger der Lotusfuß, umso höher fiel der Brautpreis aus.

Das Hygiene-Museum zeigte nicht nur frappierende Bräuche fremder Kulturen, sondern machte zugleich auch „eigene", europäische Kleiderzwänge sichtbar: Eine Lichtbildreihe noch aus dem Jahr 1927 widmete sich der „Wirkung des Korsetts auf die Eingeweide". Was den weiblichen Körper in die vermeintlich perfekte „Eieruhrform" zwängte, war ein Panzer aus Eisen- oder Fischbeinstäben – anmutig unter Seide und Rüschen getarnt, wie eine ausgestellte Korsage aus der Zeit um 1900 belegt. Das Tragen des Korsetts verschob die Eingeweide und führte zu körperlichen Leiden wie Atemnot, Verdauungsbeschwerden oder Komplikationen bei Schwangerschaft und Geburt.

Da ist es tröstlich, dass Attraktivität nicht nur auf der äußeren Erscheinung beruht. Einige Medieninstallationen zeigen die Bedeutung von Stimmen, Gerüchen und Körpersignalen.

Zuletzt mag der Griff zur Parfümflasche helfen. Dass es Zusammen-

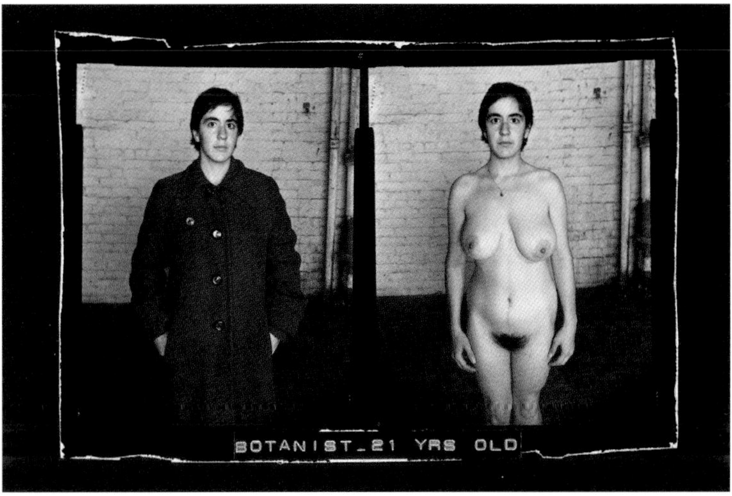

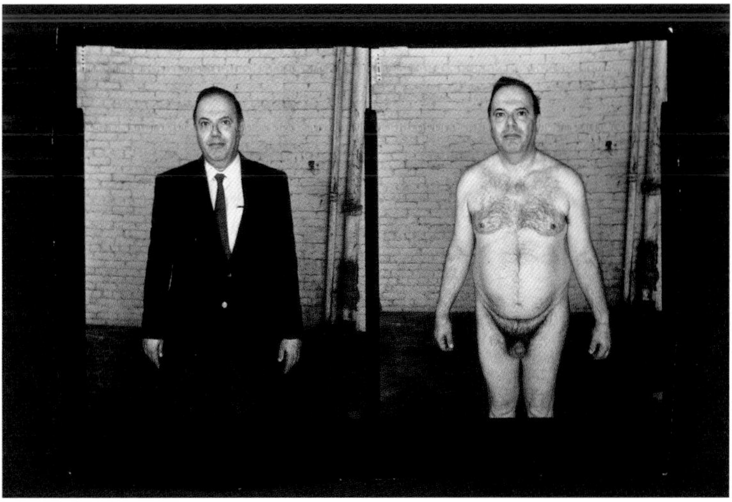

AUS „NAKED NEW YORK“ (GREG FRIEDLER), 1997

hänge zwischen bestimmten Düften und Sexualität gibt, war offensichtlich auch ohne genaue Kenntnis physiologischer Prozesse bekannt: Schon seit langem benutzen Menschen wohlriechende Essenzen, um attraktiver zu wirken. Darauf weist eine Reihe von Parfümbehältnissen aus der im Museum befindlichen kosmetikhistorischen Sammlung Schwarzkopf hin: So hat ein um 800 v. Chr. entstandenes bronzenes Parfüm- oder Salbgefäß aus dem Vorderen Orient die Form einer Frau, eine silberne Riechdose (um 1750) die eines Herzens und ein um 1850 entstandenes russisches Stück die eines Frauenschuhs. Einen goldenen Flakon aus Frankreich (um 1750/60) zieren Venus und Adonis, während der Besitzer oder die Besitzerin eines Parfümfläschchens aus böhmischem Glas mit eingebautem Fernglas immer wussten, wann es sich lohnte, einige zusätzliche Tropfen aufzulegen.

HORMONE, GESCHLECHT UND ERREGUNG

Die Grundlage kostbarer Parfüms bilden seit Jahrhunderten Duftstoffe aus dem Körper von vier Tierarten: Zibetkatze, Biber, Pottwal und Moschushirsch. Mittlerweile werden sie synthetisch hergestellt. Den Besuchern stehen vier Duftproben zur Verfügung – die Grundsubstanzen riechen allerdings keineswegs einladend. Duftstoffe beeinflussen über Botenstoffe – die Pheromone – das Gehirn.

Entscheidenden Einfluss auf die Steuerung der sexuellen Erregung sowie auf die Fruchtbarkeit haben die Hormone. Auch an der Ausdifferenzierung des Geschlechts sind sie maßgeblich beteiligt. Diese „Macht der Hormone" demonstriert eine Ausstellungseinheit in der Mitte des Raumes. Den Auftakt bildet ein tischgroßes Elektronenmikroskop („Siemens Elmiskop 101", Baujahr 1970), auf und in dem mikroskopische Aufnahmen von Spermien und Eizellen im jeweiligen Zyklus von Befruchtungsfähigkeit und Fruchtbarkeit zu sehen sind. Von der turbulenten Hormonausschüttung während des Geschlechtsakts können sich die Besucher mit Hilfe eines umgebauten Flippers einen spielerischen Eindruck verschaffen.

Bei einem unter 500 Kindern verläuft die Entwicklung zu Mann oder Frau nicht eindeutig. Dafür können fehlende oder überzählige Chromosomen, das Versagen von Enzymen oder eben der Ausfall von Hormonen verantwortlich sein. Die Ausstellung stellt mit Präparaten Formen des männlichen und des weiblichen „Pseudohermaphroditismus" vor. „Echter" Hermaphroditismus, bei dem tatsächlich beide Geschlechtsorgane vorhanden sind, ist selten. Der Begriff geht übrigens auf einen antiken Mythos zurück: Die Nymphe Salmakis verliebte sich unsterblich in den schönen Jüngling Hermaphroditos, den Sohn der Gottheiten Hermes und Aphrodite. Als er in Salmakis' Quelle badete, überraschte sie ihn, umklammerte seinen Körper und flehte die Götter an, sie nie wieder zu trennen. Diese erhörten ihre Bitte, und die beiden Körper vereinigten sich zu einem. Aus Entsetzen über

SCHULKINDER AN DEN MEDIENSTATIONEN

seine Verwandlung bat Hermaphroditos seine göttlichen Eltern, alle männlichen Quellbesucher in Zukunft in Zwitterwesen zu verwandeln. An diesen Ursprung erinnert die Ausstellung mit dem „Ruhenden Hermaphroditen". Das antike Original befindet sich in der römischen Villa Borghese, gezeigt wird ein Abguss aus dem 18. Jahrhundert.

SEXUELLE PRAXIS

Im Jahr 1973 machten sich Mitarbeiter von Pro Familia, der Deutschen Gesellschaft für Familienplanung, erstmals mit dem „Verhütungsmittelkoffer" voller Kondome, Pillenpackungen, Diaphragmen, Spiralen und Zäpfchen auf den Weg in die Schulen. Mittlerweile hält die Sexualaufklärung für Jugendliche weitere, komplementäre Angebote bereit, denn jährlich werden derzeit allein in Deutschland rund 10.000 Minderjährige schwanger – und dies keineswegs immer ungewollt. Was Elternschaft bedeutet, demonstrieren die neuen pädagogischen Programme etwa mit dem Säuglingssimulator "Real Care Baby ®" nebst Zubehör aus Kleidung, Fläschchen, Windeln, Wickeltasche, Babykarre und Autositz.

Wie „es geht" wissen sehr viele Jugendliche schon früh, nicht aber, was dabei eigentlich anatomisch geschieht. In der Reihe ausgestellter Modelle des männlichen und weiblichen Beckens sowie der Geschlechtsorgane aus der Lehr-

QUERSCHNITT DURCH EINEN PENIS (WACHSMODELL), UM 1920

mittelproduktion des Museums, entstanden zwischen 1920 und 1985, fallen zwei besonders auf: der Längsschnitt eines Penis aus Wachs (um 1920) und ein großes Holzmodell des Uterus beim Befruchtungsvorgang (1954). Das Modell eines weiblichen und männlichen Beckens während des Geschlechtsaktes („Mating") geht auf die Forschungen von Robert L. Dickinson (1861-1950) zurück, der den weiblichen Orgasmus mit Hilfe eines penisähnlichen Glaskolbens in der Scheide beobachtete. Seinen ersten Auftritt hatte ein solches Modell 1939 auf der Weltausstellung in New York – damals ein gewagtes Unternehmen.

Das Thema der Geschlechtskrankheiten gehört ebenfalls zur Sexualaufklärung. In den frühen Jahrzehnten des Deutschen Hygiene-Museums stand es im Vordergrund. Schon die Besucher der I. Internationalen Hygiene-Ausstellung in Dresden 1911 konnten Sexualorgane und ihre Krankheiten in äußerst wirklichkeitsgetreuen Darstellungen betrachten. Die Folge waren Ohnmachten und allgemeine Bestürzung, doch wurde das Thema öffentlicher diskutiert. Vor der Einführung des Penizillins war die Behandlung von bakteriellen Geschlechtskrankheiten wie beispielweise der Syphilis eine langwierige, von unangenehmen Nebenerscheinungen begleitete und häufig erfolglose Prozedur – eine wesentliche Funktion der Modelle war daher die wirksame Warnung vor möglicher Ansteckung. Moulagen von Tripper, Weicher Schanker und Syphilis, überwiegend aus der Zeit von 1911 bis 1945, zeigen Frühformen, aber auch die besonders abschreckenden Spätstadien.

1928 hingen in Berlin die ersten Kondomautomaten mit der Aufschrift: „Männer, schützt Eure Gesundheit!" Wegen ihrer gleichzeitigen Verhütungsfunktion blieben Kondome jedoch lange anrüchig. Der Automat „Amor die feinen transparenten Gummiwaren" (1956) durfte bis 1973 in der Bundesrepublik nur in Innen-

AIDS-PLAKAT AUS HONGKONG, VOR 1995

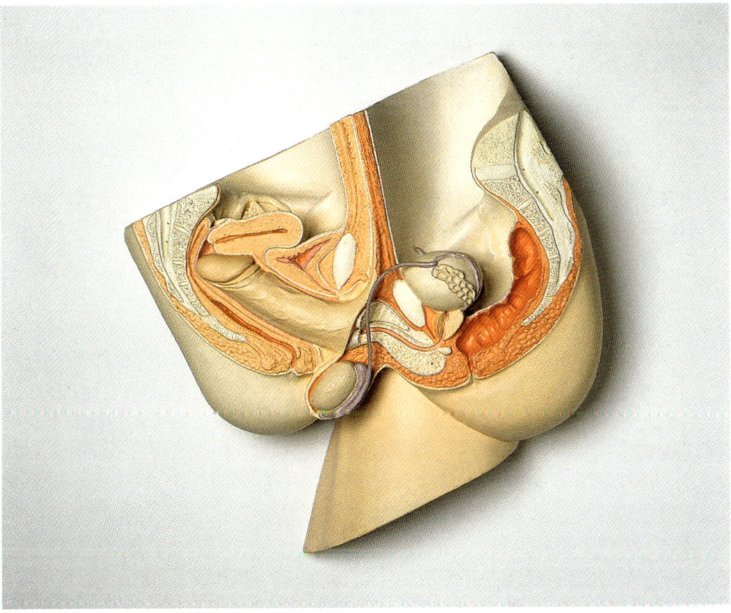

„MATING", NACH 1939 (LEIHGABE)

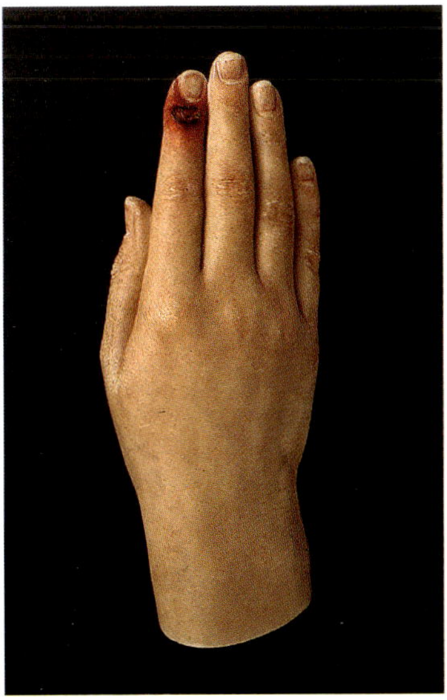

WEICHER SCHANKER (MOULAGE)

räumen von Bahnhöfen, Hotels und öffentlichen Toiletten hängen.
Das Kondom war fast in Vergessenheit geraten – Verhütung erfolgte über die Pille, und die meisten Geschlechtskrankheiten waren heilbar –, als sich seit Anfang der 1980er Jahre die Seuche AIDS ausbreitete. Weder Impfung noch Therapien konnten helfen, nur die Prävention. Die AIDS-Aufklärung musste schnell und weltweit in Gang kommen. Das Museum verfügt über eine große Sammlung von Plakaten aus unterschiedlichsten Ländern, die Ausstellung zeigt daraus eine Auswahl. In den Industrienationen konnte der Anstieg der Zahl neuer Infektionen in den 1990er Jahren aufgehalten werden. In anderen Weltregionen – wie in Afrika – ist die Lage dramatisch.

EROTISCHE FOTOGRAFIE, UM 1910 (LEIHGABE)

Vier Millionen neuer Fälle pro Jahr verlangen dort nach verstärkter Aufklärung. Unterschiedliche Wege wurden bisher beschritten. Ein Beispiel sind die die Holzskulpturen des im Jahre 2000 verstorbenen Zephania Tshuma und seines Sohnes Mostarves Z. Tshuma aus Simbabwe: „I Use Condoms",„Talking With Aids Worm" und „Checking AIDS" sind zwischen 1989 und 1995 entstanden und behandeln Themen wie AIDS, Prävention oder Promiskuität in satirischer Zuspitzung, um die Bedrohung zu bannen, zugleich aber vor sexueller Zügellosigkeit zu warnen.

SEXUALITÄT IM ÖFFENTLICHEN UND PRIVATEN RAUM

Erregung spielt sich zu einem großen Teil im Kopf ab, genauer, in der Phantasie – Auto-Erotiker und Fetischisten sind da keine Ausnahmen. Die männliche Sexpuppe „Nax" weist eingebaute Bewegungs- und Körperfunktionen auf. Der Hersteller hat sich das Ziel gesetzt, Androiden zu erschaffen, also Maschinen, die wie Menschen aussehen und wirken. Sie sind mit Echthaar-Implantaten und Videoaugen, simulierter Atmung, hörbarem Herzschlag und anderen Körperfunktionen ausgestattet und vollziehen automatische Beckenbewegungen. Eine wachsende Fangemeinde veröffentlicht und tauscht im Internet inszenierte Fotos dieser Puppen. In den 1960er Jahren, als sich sexuelle Subkulturen wie etwa die sadomasochistische noch überwiegend in einer Schattenwelt auslebten, entstand der ausgestellte „Cat Suit" als maßgefertigtes Einzelstück. Das Vorbild für diesen einteiligen Lederanzug mit Gesichtsmaske lieferte „Emma Peel", eine der Hauptfiguren der damals populären Fernsehserie „The Avengers" („Mit Schirm, Charme und Melone").

Wie stellt sich das Sexualverhalten der Deutschen heute dar? Die Berliner Mediendesigner Charlotte Kaiser, Marit Neeb und Alexander Schellow haben eine alte Tradition

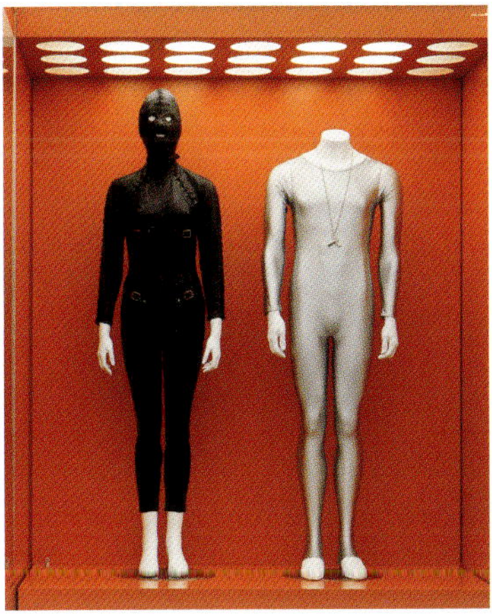

CAT SUIT (LEIHGABE) UND ROBO SUIT

des Deutschen Hygiene-Museums aufgegriffen und trockene Zahlen zum Leben erweckt. Mehrere Dioramen illustrieren „Sex in Prozenten“: bevorzugte Stellungen, Selbstbefriedigung, Homosexualität, sexuelle Stimulanzien, Phantasien und Träume – vom „Quickie im Fahrstuhl“ bis zum „Spontanen Sex mit Unbekannten“.

LIEBE, PARTNERSCHAFT, FAMILIE

„Rein wie der hellste Edelstein ist Mutterliebe ganz allein“, „Der Vater sorgt mit vieler Müh für seine Kinder spät und früh“ – derlei Spruchweisheiten zierten, wie Beispiele in der Ausstellung zeigen, als so genannter Haussegen um 1900 die Wohnküchen. Doch die bürgerliche Kernfamilie – Vater, Mutter und minderjährige Kinder – ist heute in Bewegung geraten. Als Gründe werden häufig die veränderten Geschlechterrollen, aber auch der schrumpfende Ar-

SEX IN PROZENTEN: „WELCHE EROTISCHEN SPIELE LOCKEN SIE?“, 2004

beitsmarkt genannt. Familienformen werden über ihre Mitglieder definiert: „Familie ist dort, wo Kinder sind." 1995 machte sich darum eine Gruppe von 16 Fotografen für das Buch „So lebt der Mensch" auf die Suche. In 30 Ländern entstanden Bilder von Familien, die an für sie „typischen" Tagen mit ihrem gesamten Hausrat vor ihren Häusern aufgenommen wurden. Die Ausstellung zeigt Aufnahmen von Peter Ginter aus Israel, Italien, Texas, Brasilien, Argentinien und Indien.

Zum Abschluss setzt sich dieser Ausstellungsraum mit zwei konträren Haltungen in Bezug auf Sexualität und Fortpflanzung auseinander. Zum einen mit der Entscheidung, Kinder nicht bekommen zu wollen. Das Gemälde „Christliche Abtreibung" von Jürgen Waller (1974) beschwört – und kritisiert – vor allem die Atmosphäre von Trostlosigkeit und Lebensgefahr, die in den Zeiten des uneingeschränkten Abtreibungsverbots die im Verborgenen vorgenommenen Eingriffe umgab. Auch wenn Gesetzesnovellierungen 1976 und 1995 den Schwangerschaftsabbruch unter bestimmten Umständen erlaubt haben, kann es einen gesellschaftlichen Konsens über dessen Legitimität zumindest unter gläubigen Christen nicht geben.

Ethische Fragen wirft allerdings auch der um jeden Preis verwirklichte Kinderwunsch auf. Denn was während seiner gesamten Geschichte nur der menschliche Körper selbst leisten konnte, lässt sich heute reprodukti-

AUS „SO LEBT DER MENSCH": FAMILIE IN BRASILIEN (PETER GINTER), 1995

onsmedizinisch auslagern und durchführen: Rund um eine „Gläserne Schwangere", wie sie seit den 1950er Jahren im Hygiene-Museum gebaut wurden, sind Gerätschaften von der „Vierkammer-Reagenzglas-Schale für Eier und Spermien" bis zum „Embryo-Transfer-Katheter" aufgebaut; auf einem Monitor können die Besucher eine „Intra-Cytoplasmatische Sperma-Injektion" (ICSI) verfolgen, wie sie sich unter dem beigesellten Mikroskop abspielen würde. Ist damit das Ende der Familie gekommen – oder sogar des Sex? Statt Visionen einer schwer berechenbaren Zukunft auszumalen, schließt der Ausstellungsraum mit einem Blick auf glückliche Hochzeitspaare aus vielen Ländern und unterschiedlichen Zeiten: Gesichter voller Wünsche, Träume und Hoffnungen.

RAUM 5
ERINNERN, DENKEN, LERNEN

Unter der menschlichen Schädeldecke befinden sich ähnlich viele Nervenzellen wie Sterne in der Milchstraße – rund 100 Milliarden. Die Erforschung des Gehirns hat aufsehenerregende Fortschritte gemacht. Auf welche Weise es aus den 100 Milliarden Neuronen Bewusstsein schafft, gibt zwar weiterhin Rätsel auf. Doch liefert die Wissenschaft mit Hilfe bildgebender Verfahren faszinierende Einblicke in die Arbeit unseres Denkorgans – wir können uns heute sogar selbst beim Denken und Fühlen zusehen. Auch die Leistung des Gedächtnisses wird immer transparenter: die Verarbeitung der Außenwelt, das Speichern und Erinnern von Erfahrungen.

SINNESORGANE UND WAHRNEHMUNG

Ein Reich der Sinne – und ihrer Organe – empfängt die Besucher. Augen aus Holz (1960), eine Nase aus Papiermaché (1950), Ohren, Zungen, Finger erklären den Aufbau jener körpereigenen Empfangsstationen, auf welche die Signale der Außenwelt treffen. Das Gehirn setzt sie mit großer Geschwindigkeit in bewusste Wahrnehmungen um: Wir erkennen Gesichter, Gerüche, Geschmack und Geräusche. Kognitive Prozesse wie Denken und Erinnern beeinflussen diesen Prozess. Doch wie genau werden physikalische und chemische Ereignisse in subjektives Erleben übersetzt? Die Gehirne der Lebewesen bilden die Außenwelt nicht einfach ab, sondern schaffen eine Art eigener Wahrnehmungswelt, eine virtuelle Realität. Sie entspricht einer bestimmten Deutung, einer Interpretation der Welt durch das Gehirn.

Anhand einfacher Experimente können sich die Besucher davon einen Eindruck verschaffen. Das „Weber-Fechner-Gesetz" demonstrieren

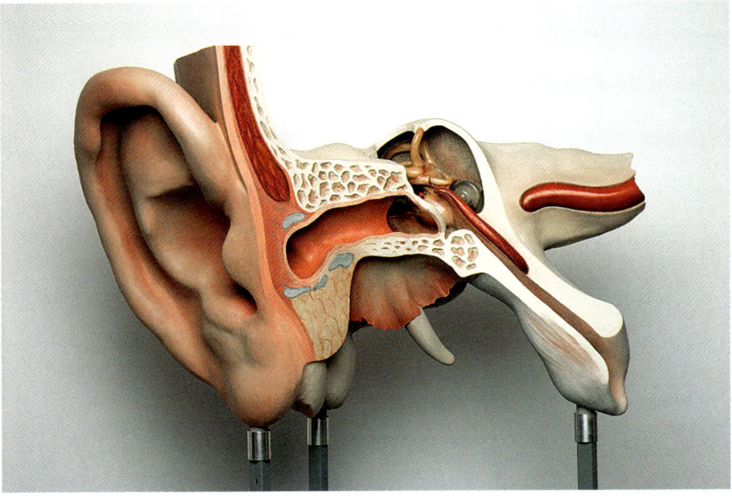

GEHÖRORGAN (MODELL), 1955/56

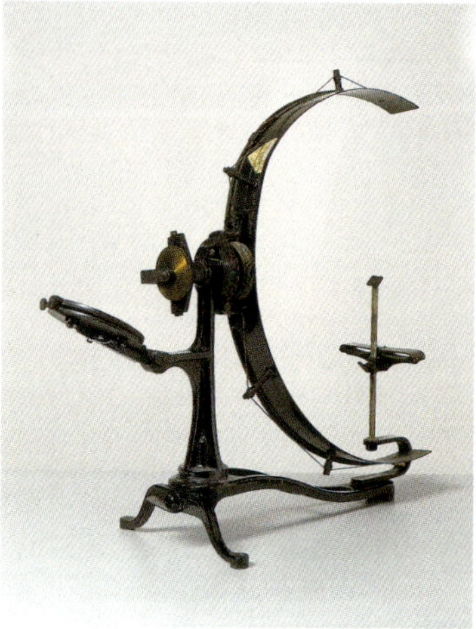

PERIMETER, NACH 1877

KLEMMBRILLE, UM 1740

zum Beispiel zwei unterschiedlich schwere Paare von Gewichten. Die Gewichte eines Paares weisen dabei untereinander eine Differenz von wenigen Gramm auf – beim insgesamt leichteren Paar bemerkt man die Differenz sofort, beim schwereren hingegen nicht. Ein anderes Experiment: Wer eine Prismenbrille aufsetzt, die das Sehfeld verändert, findet erst nach einer Anpassungsanstrengung des Gehirns zur gewohnten Fingerfertigkeit zurück – ebenso, wenn die Brille wieder abgesetzt wird.

20 Prozent aller Neuronen des Gehirns sind mit dem Sehen beschäftigt, u.a. auch damit, Wahrnehmungsirrtümer des Sehsinns „wegzurechnen". Während nämlich die kulturelle Hierarchie der Sinnesorgane dem Auge den höchsten Rang zubilligt, ist es technisch gesehen – im Vergleich zu den anderen Sinnen – besonders täuschungsanfällig: Die Abbildung wird durch die Linse verzerrt, verliert zum Rand hin an Schärfe und weist Farbsäume auf. Auch das zeigt die Ausstellung: Drei rotierende Scheiben spielen mit der Physis des menschlichen Auges, insbesondere der unterschiedlichen Reaktionsgeschwindigkeit seiner auf bestimmte Farben spezialisierten Netzhaut-Rezeptoren.

Für Funktionsstörungen des Seh- und Hörsinnes hat die Medizin schon sehr früh Abhilfen zu schaffen versucht. In diesem thematischen Zusammenhang kommt eine der bedeutendsten Spezialsammlungen des Museums zur Geltung: die Sammlung Münchow. Über dreißig Jahre lang hatte der Arzt Wolfgang Münchow (1923-1986), der zuletzt eine Augenklinik in Zwickau leitete, Objekte zur Augenheilkunde vom Mittelalter bis in die Gegenwart zusammengetragen: Sehhilfen, Operationsinstrumente, Untersuchungsgeräte, Grafiken, Gemälde und Kunsthandwerk und schließlich eine umfangreiche ophtalmologische Bibliothek. Münchow begründete seine Sammlung, als in den 1950er und 1960er Jahren die Krankenhäuser veraltete Gerätschaften ausmusterten. Ankäufe aus dem Antiquitäten- und Antiquariatshandel sowie Schenkungen von Kollegen kamen hinzu. Seit 1970 in Münchows Zwickauer Klinik provisorisch ausgestellt, gelangte ein aus 850 Objekten bestehender Teil der Sammlung schließlich 1984 in das Deutsche Hygiene-Museum.

Ausgestellt sind augenheilkundliche Werkzeuge: ein „Ophtalmoscope" (1863), der von Richard Liebreich (1830-1917) entwickelte und über ein halbes Jahrhundert lang genutzte Augenspiegel zur Diagnose des grauen Stars; ein Perimeter (nach 1877) nach Rudolf Förster zur Bestimmung des Gesichtsfeldes, d.h. des vom unbewegten Auge erfassten Raums; ein Anomaloskop zum Testen der Farbwahrnehmung (um 1907), ein Nyktometer zur Prüfung des Nacht- und Dämmerungssehens (um 1940). Es handelt sich dabei um historische Geräte, die zeitnah zu ihrer Erfindung hergestellt wurden. Die zahlreichen Brillen-Modelle aus mehreren Jahrhunderten belegen den Weg vom nach Art einer Lupe gehaltenen „Manokel", wie es schon im 13. Jahrhundert bekannt war, bis zum Monokel, das in der Augenhöhle so sicher saß, dass preußische Generalstäbler es nicht einmal zum Reiten absetzen mussten. Die „Nürnberger Drahtbrille" war schon im 17. und 18. Jahrhundert Massenware – wenngleich der „Nasenquetscher" nicht eben bequem war und die Stimme nasal klingen konnte. Zukunftsweisend war dann die Erfindung des Londoner Optikers James Ayscough aus dem Jahr 1752: die Befestigung der Gläser am Ohr mit Hilfe von Bügeln.

Der „subjektivste", ja eigenwilligste Sinn wartet in der Nase: Düfte und Gerüche können Erinnerungen an intensiv erlebte Situationen auslösen und dabei heftige emotionale Reaktionen hervorrufen. Denn die Geruchswahrnehmung steht in unmittelbarer Beziehung zum Gefühlszentrum des Hirns, dem limbischen System. Alle Geruchswahrnehmungen werden direkt dorthin geleitet – ohne den Umweg über den Cortex, den zum Beispiel der „intellektuelle" Sehsinn geht. Biologische Vorgänge lassen sich oft leichter an „niedrigen" Organismen verstehen: „Das Bienenspiel" simuliert das Lernvermögen der emsigen Honigsammlerin – in ihrem Riechzentrum zeigen unterschiedliche Erregungsmuster die wahrgenommenen und wiedererkannten Blütendüfte an. Die Besucher sind eingeladen, diesen Lernprozess nachzuvollziehen.

Das wohl sinnlichste Organ des Menschen ist die Haut. Sie ist die Grenze zwischen „Innen" und „Außen". Wie wichtig sie für die Wechselwirkung des Körpers mit der Welt ist, zeigt sich schon daran, dass sie über ein ganzes Arsenal an unterschiedlichen Sinneszellen verfügt. So gibt es zum Beispiel unterschiedliche Rezeptoren

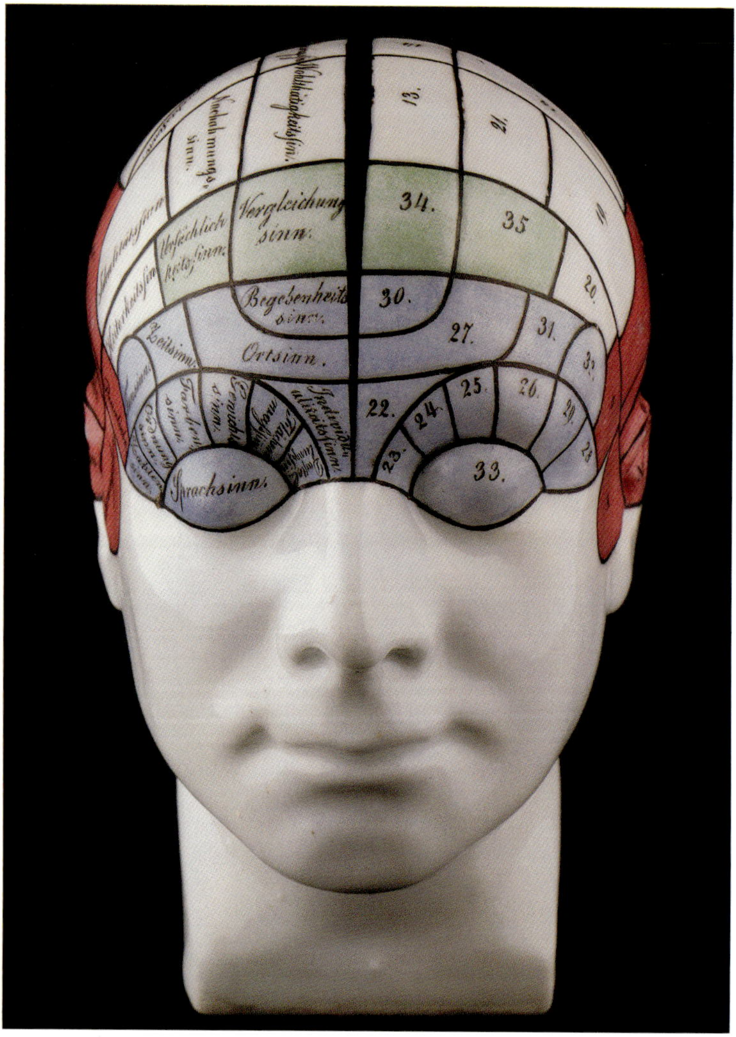

GALLSCHER SCHÄDEL, 1840

für Temperaturen, was eine „Heiß-Kalt-Spirale" bis an die Schmerzgrenze demonstriert. Von der Dichte der Tastrezeptoren in der Haut der Fingerspitzen hängt wesentlich das Vermögen des Gehirns ab, berührte Gegenstände im Kopf zu rekonstruieren. Die Größe des entsprechenden Hirnareals ist dafür maßgeblich. Bei Blinden kann es weit entwickelter sein als bei Sehenden – die tastbare Braille-Schrift steht zur Erprobung bereit.

STRUKTUR UND FUNKTION DES GEHIRNS

Verschiedene Disziplinen haben im Lauf der Geschichte versucht, Bauplan und Funktionsweise des Gehirns zu ergründen. Dafür steht in der Ausstellung ein so genannter Gallscher Schädel, der – nach Größe und Material zu urteilen – vermutlich nicht als Hilfsmittel in der akademischen Lehre diente. Die „Phrenologie" wurde in der ersten Hälfte des 19. Jahrhunderts zur regelrechten Modewissenschaft: Kopfmodelle fanden sich in Universitäten und Arztpraxen ebenso wie in den Salons, nachdem der Arzt und Anatom Franz Joseph Gall (1758-1828) seit 1795 erst Wien, dann das übrige Europa mit seiner Lehre bekannt gemacht hatte.
Gall beobachtete den Verlauf von Nervenbahnen im Gehirn und leitete daraus dessen funktionsspezifische Unterteilung in eigene unabhängige Organe ab, die für Begabungen und Charaktereigenschaften zuständig seien. Diese glaubte er schließlich genau lokalisieren zu können. Da er zugleich davon ausging, dass das Gehirn die äußerliche Erscheinung des Schädels präge, behauptete er, dass mentale Anlagen bereits an der Kopfform ablesbar seien. Schädel und Gehirn schienen damit präzise kartierbar. Methodische Ungereimtheiten brachten Galls Lehre allerdings bald in Misskredit.

Oft wurden Hypothesen über die Aktivitätsmuster des Gehirns erst sehr viel später bestätigt oder weiterentwickelt. Ein berühmtes Beispiel ist der *Entwurf zu einer physiologischen Erklärung der psychischen Erscheinungen*, den der Wiener Anatom Sigmund Exner (1846-1926) im Jahr 1894 veröffentlichte. Er skizzierte ein Modell neuronaler Netzwerke und einer Wechselwirkung von Neuronen, das erst hundert Jahre später seine Aktualität in der Hirnforschung erwies. Ein künstliches Wesen, das die Neurologie gleichsam selbst hervorbrachte, stellt – mit Wulstlippen und Riesenfüßen – der „Somatosensorische Homunculus" dar, der den Besuchern hinter Vitrinenglas die Hand reicht: Die Proportionen seiner Körperteile entsprechen nicht den tatsächlichen des Menschen, sondern der jeweiligen Reizempfänglichkeit und damit Repräsentanz im Gehirn. Wilder Penfield (1891-1976)

HOMUNCULUS NACH PENFIELD, 2000

AUFGERÄUMTE UND UNAUFGERÄUMTE WERKSTATT, UM 1955

konnte die entsprechenden Daten bei neurochirurgischen Operationen zwischen 1930 und 1950 ermitteln, indem er bestimmte Hirnareale reizte und die Patienten nach der Lokalisation ihrer Empfindungen befragte.

Zahllos sind die Versuche, die Wirkungsweise des Gehirns in Metaphern auszudrücken – vom Webstuhl bis zum Kinematographen reichen die Beispiele in der Ausstellung. Ein Sammlungsstück des Museums unterstützt die Imaginationsfähigkeit der Besucher besonders plastisch. Es handelt sich um das in den 1950er Jahren gearbeitete detaillierte Modell einer aufgeräumten und unaufgeräumten Werkstatt. Ursprünglich diente es der arbeitshygienischen Aufklärung: „So kann auch Dein Geräteschuppen aussehen! Ordnung hilft Unfälle verhüten!“ Heute hilft es, eines der Verräumlichungsmodelle für das Gedächtnis zu illustrieren, wie sie schon die Antike entwickelt hat. Der süditalienische Staatsmann und Klostergründer Cassiodor (ca. 485/487-580) sah das Gedächtnis als Ansammlung von Ställen und Käfigen, die einer Ordnung und Auswahl der Wahrnehmungen bedürften, um diese verfügbar zu halten – sonst bleibe das Erinnerungsvermögen undurchdringlich wie der Wald. Das menschliche Gehirn ist das Ergebnis eines evolutionären Prozesses. Es ist nach denselben Prinzipien aufgebaut, die auch bei einfachen Wirbeltierhirnen zu finden sind. An kleinen Modellen (nach 1966), welche die Gehirne von Neunauge, Katzenhai, Mississippi-Alligator,

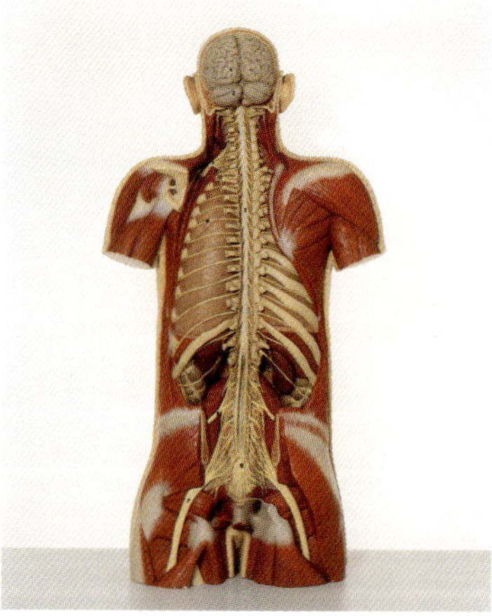

RÜCKENTORSO MIT NERVENBAHNEN, 1950ER JAHRE

Wasserfrosch und anderen Tieren schematisch kennzeichnen und leichter vergleichbar machen, kann dies überprüft werden. Nicht nur medizinhistorisch bedeutsam ist eine Serie von sechs Modellen der embryonalen Gehirnentwicklung in den ersten vier Entwicklungsmonaten. Sie entstanden um 1920 und gehen auf die Forschungen des Anatomen Ferdinand Hochstetter (1895-1908) zurück, dem die Wissenschaft die erste vollständige und bis heute gültige Beschreibung des embryonalen Gehirns in seinen jeweiligen Stadien verdankt. Die Modelle gehörten ehemals dem 1914 gegründeten Kaiser-Wilhelm-Institut für Hirnforschung in Berlin, dessen Tradition seit 1948 in entsprechenden Einrichtungen der Max-Planck-Gesellschaft fortgeführt wird. Den Aufbau des Zentralen Nervensystems demonstrieren zwei Modelle „Gehirn und Rückenmark" (Holz) und „Rücken mit Nervenbahnen" (Wachsmischung), beide aus den 1950er Jahren.

War der Funktion unseres Denkorgans lange Zeit nur über dessen anatomische Struktur auf die Spur zu kommen, so erlaubte erstmals die moderne Elektrophysiologie mittels eingepflanzter Elektroden dynamische Prozesse bei Nervenzellen aufzuzeichnen. Das Gehirn erscheint – von außen betrachtet – als ein mehr oder minder einteiliges Organ ohne allzu offensichtliche Differenzierung in unterschiedliche Funktionsbereiche. Doch lässt sich heute ein relativ genauer Atlas des Gehirns zeichnen, in dem die anatomischen und funktionellen Untereinheiten des Gehirns differenziert werden können. Man weiß inzwischen, wo das Gehirn Sprache generiert und verarbeitet oder wo und wie visuelle Reize umgesetzt werden. Trotz der Möglichkeiten einer recht genauen Lokalisierung solcher Vorgänge ist auch eine andere Erkenntnis von Bedeutung: Die einzelnen Bereiche des Gehirns arbeiten parallel und verzahnt – gerade das macht die Vielfältigkeit und Dynamik kognitiver Prozesse aus.

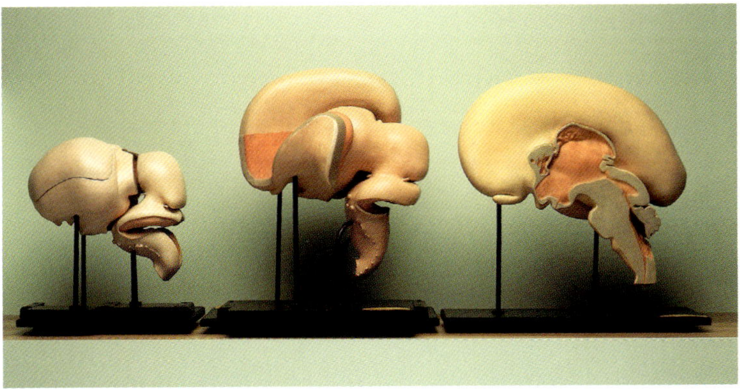

MODELLE DER EMBRYONALEN GEHIRNENTWICKLUNG, UM 1920

GEFÜHLE UND VERSTAND

Emotionen stellen eine Bewertungsinstanz unseres Denkens und Handelns dar. Man kann sie als konzentrierte Erfahrungen verstehen, ohne die vernünftiges Handeln unmöglich wäre. Veränderungen der Gefühle und der Wahrnehmungen, des Denkens, Handelns und der Bewegungsfreiheit können als Folge von Erkrankungen oder Verletzungen des Gehirns, von Störungen des hormonellen Gleichgewichts und schließlich von seelischen Traumata entstehen.

Feuchtpräparate in der Ausstellung zeigen eine Reihe von Hirn-Schädigungen durch Einwirkungen von außen oder durch Krankheiten: etwa das Gehirn eines Soldaten mit einer Schussverletzung aus dem Zweiten Weltkrieg (1943); eine Hirnerweichung infolge des Verschlusses eines Hirngefäßes; ein Hirn-Aneurysma, bei dem durch eine Erweiterung eines Blutgefäßes Gehirn- und Nervengewebe verdrängt wird; schließlich ein Tumor (Meningeom).

Unter den Lichtbildserien, die das Museum vor 1945 vertrieben hat, findet sich seit 1924/25 auch eine zum Thema „Geisteskrankheiten und abnormes Seelenleben". Sie beschreibt die Anatomie des Gehirns und stellt anhand zahlreicher Aufnahmen von Patienten psychische Krankheiten vor. Im Mittelpunkt steht – wie bei anderen Diaserien des Museums aus dieser Zeit – die Erblichkeit psychischer Leiden; den Hintergrund bildet die damals auch in der Medizin verbreitete Vorstellung von einem anwachsenden Bevölkerungsanteil mit genetisch bedingten Defekten. Seit Mitte des 19. Jahrhunderts hatte sich eine medizinische Reformbewegung herausgebildet, die anstelle des reinen Wegsperrens von psychisch Kranken in die „Tollhäuser" nach differenzierten Therapien und Beschäftigungsmöglichkeiten für die Patienten suchte; auch interessierte man sich für eine menschenfreundlichere Gestaltung der Anstalten. Allerdings erwies sich auch die Reformpsychiatrie, gerade weil sie das Wohl der nach ihren – letztlich willkürlichen – Kriterien noch therapierbaren Kranken im Auge hatte und die begrenzten Mittel für die Pflege auf sie konzentrieren wollte, als anfällig für das eugenische Denken, das in die Massentötung des vermeintlich „lebensunwerten" Lebens unter dem Nationalsozialismus führte.

Ebenso vielfältig wie die Ursachen psychischer oder neurologischer Erkrankungen sind ihre neueren Therapien. Die Symptome lassen sich mitunter durch ein pharmakologisches Einpegeln des Neurotransmittersystems oder durch Verhaltenstherapien mildern oder sogar beseitigen. Ein Elektrokrampfgerät (1950-1960) erinnert in der Ausstellung an eine Behandlungsmethode, die der italienische Psychiater Ugo Cerletti 1938 eingeführt hat. Dabei wird kurzzeitig Wechselstrom durch das Gehirn von Depressiven oder Schizophrenen geleitet, die dabei einen epilepsieähnlichen Krampfanfall erleiden. Welchen therapeutischen Wert diese Methode hat, ist bis heute umstritten. Kritiker verweisen auf Nebenwirkungen des

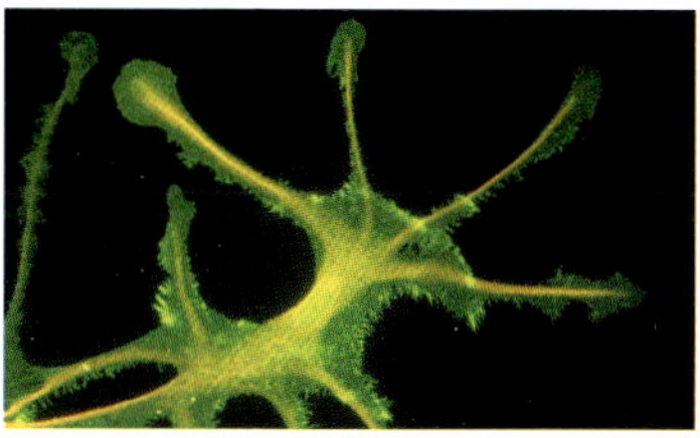

ZELLEN (ASTROZYTEN) IM GEHIRN EINER RATTE

„Elektroschocks" – zum Beispiel den zumindest zeitweiligen Gedächtnisverlust. Mittlerweile sind spezialisierte Psychopharmaka auf den Markt gekommen, die „sanfteren" Ersatz versprechen. Allerdings wird die Elektrokrampftherapie bei schwerer Medikamentenresistenz nach wie vor als „Ultima ratio" eingesetzt.

Ein biochemisches Ungleichgewicht kann Fehlfunktionen des Gehirns nach sich ziehen. Sie lassen sich aber auch bewusst herbeiführen – zum Beispiel mit Drogen. Diese greifen in den Übertragungsprozess an den Synapsen ein und verändern damit das Bewusstsein.

Schon um 1910 hat das Hygiene Institut in der Hafenstadt Hamburg eine Sammlung halluzinogener Pflanzen und der aus ihnen gewonnenen Rauschgifte angelegt, von denen einige in der Ausstellung zu sehen sind: Betelnüsse aus Südostasien; südamerikanische Kokablätter, aus denen seit 1860 Kokain gewonnen wird; Cannabis aus Thailand; Kava-Rauschpfeffer aus der Südsee und orientalischer Mohn sowie Opium. Einheimische „Hexenkräuter", die sich Jugendliche ohne Kenntnis der zuweilen tödlichen Risiken in Wald und Flur beschaffen, sind ebenfalls zu sehen: Stechapfel, Bilsenkraut, Tollkirsche und Schlafmohn hat der Künstler Arno Drescher (1882-1971) in Aquarellen festgehalten. Der Maler, Gebrauchsgrafiker und Direktor der Leipziger Kunstakademie (seit 1940) suchte seine Sujets meist in Landschaft und Pflanzenwelt. Das Museum verfügt über 60 Zeichnungen von seiner Hand, die zwischen 1940 und 1952 im Auftrag des Verlags Volk und Gesundheit entstanden sind und Pflanzen mit toxischer oder medikamentöser Wirkung zeigen.

Euphorisierende Wirkungen lassen sich auch ohne Drogen leicht und ohne Nebenwirkungen erzielen. Reize, wie sie etwa von Essen oder Sex ausgehen, können zum Beispiel auch musikalische Wohllaute erzeugen. Eine Medienstation „Gefühle und Musik" in der Ausstellung führt mit PET-Aufnahmen von Probanden-Gehirnen vor, welche neuronalen Aktivitäten ungefähr der „Gänsehaut" beim Hören von Musik entsprechen. Das Gehirn ist eben mehr als der Ort des Denkens. Im regen Verkehr der Botenstoffe zeichnen sich auf molekularer Ebene all jene Gefühle des Menschen ab, die einen unverzichtbaren Teil seiner lernenden Aneignung der Umwelt bilden: Glück und Stress, Angst und Entspannung. Wo die Ausstellung – etwa durch „Umkehrbrillen" – Fälle simuliert, bei denen Wahrnehmung und Erfahrung durcheinander geraten sind, tut sie es mit der Aussicht, dass das Gehirn die Welt im Zweifelsfall auch wieder auf die Füße stellen kann.

WIE BEWEGUNG FUNKTIO
HOW MOTION FUNCTIONS

RAUM 6
BEWEGUNG

Leben ist Bewegung. Der Herzschlag, die peristaltischen Bewegungen des Darms, das Heben und Senken des Brustkorbs beim Atmen oder das reflektorische Schlagen des Augenlids verlaufen unabhängig von unserem Willen. Bei der Fortbewegung, beim Sport oder bei allen alltäglichen Verrichtungen werden Muskulatur und Skelett dagegen willentlich – und nach hinreichender Einübung wieder „automatisch" – mobilisiert.

KÖRPERSPRACHE

Dies betrifft nicht zuletzt Mimik, Haltung und Körpersprache. Der Körper spricht – zumeist unbewusst – eine eigene Sprache und gewährt Einblick in die Verfassung und die Gefühle der jeweiligen Person. Doch nicht nur individuelle, auch kulturelle Prägungen spiegeln sich in Körpersprache und Mimik. Daher gibt es zwar universell verständliche Ausdrucksmöglichkeiten des Gesichts, doch führen gerade kulturspezifische Ausdrucksformen wie das „japanische Lächeln" zu Missverständnissen. Sechs physiognomische Gesichtsbilder in der Ausstellung repräsentieren – neben einem siebten, „neutralen" Gesicht – jene Basisemotionen, die der amerikanische Psychologe Paul Ekman definiert hat: Freude, Trauer, Angst, Überraschung, Ekel und Wut. An einem Papiermaché-Modell (1945-1954) von rechter Kopfhälfte und Hals lassen sich die Lage und Form der Kaumuskulatur, aber auch der mimischen Muskulatur studieren.

Auch die Bewegungen des Körpers geben uns Einblicke in Gefühle und Absichten von Personen und verraten manches über deren soziale und kulturelle Herkunft, ihre Konstitution und ihr Geschlecht. Die Besucher können dies anhand eines Verfahrens erproben, das auch in der Wahrnehmungsforschung Anwendung findet: Die Körper von Versuchspersonen werden mit reflektierenden Markierungspunkten versehen, ihre Bewegungen sodann in einem verdunkelten Raum abgefilmt und die aufgezeichneten Bewegungsmuster analysiert.

WIE BEWEGUNG FUNKTIONIERT

Der Bewegungsapparat gehört zu den stark beanspruchten Körperteilen. Zwei lebensgroße Figuren aus Kunststoff (nach 1961), männlich und weiblich, demonstrieren die quantitative Bedeutung der Skelettmuskulatur, deren rund 400 Muskeln 40 Prozent des Körpergewichts ausmachen. Von Nervenimpulsen gesteuert, führen sie die willentlichen oder unwillkürlichen Bewegungen des menschlichen Körpers aus. Ein Gips-Modell (1910-1930) hebt die plattenartigen Erweiterungen der Nervenfaserenden auf den Muskelfasern (Synapsen) hervor; es entstand zu einer Zeit, als der biochemische Vorgang, die Übertragung der Steuersignale an den Muskelapparat über chemische Botenstoffe (Transmitter), gerade erst entdeckt wurde. Weitere Modelle (Papiermaché und Gips, nach 1930) lassen die funktionellen Elemente von Bewegung erkennen: das Zusammenspiel gegensätzlich agierender Muskeln (Spieler und Gegenspieler), zum Beispiel Bizeps und Trizeps im Oberarm, die Bündelung

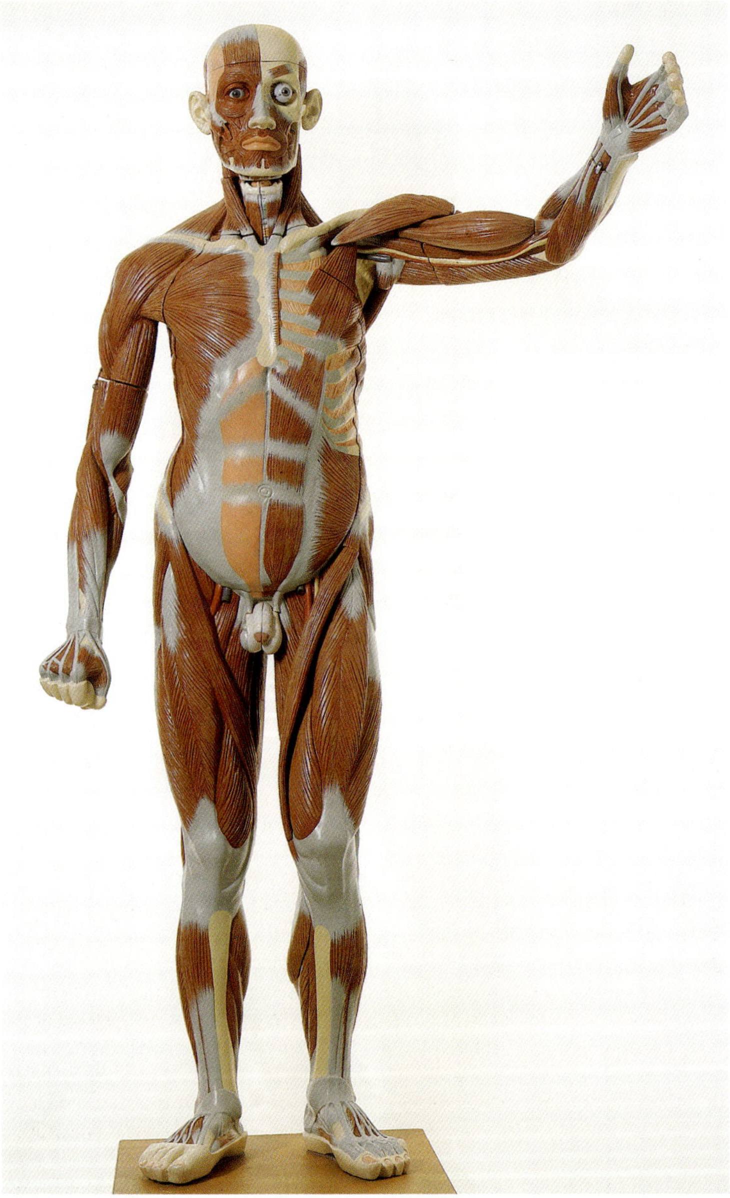

MÄNNLICHE MUSKELFIGUR, NACH 1961

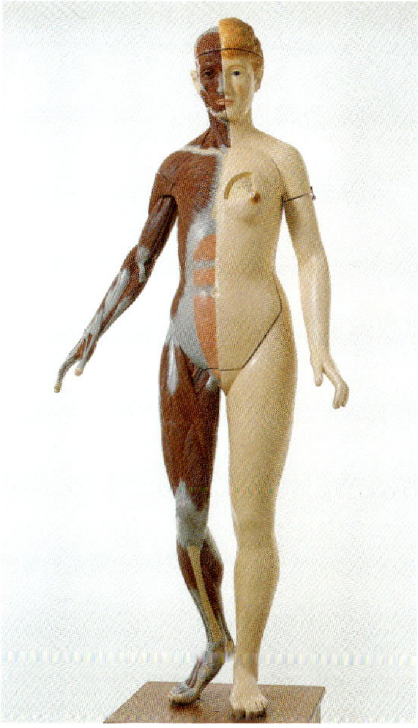

WEIBLICHE MUSKELFIGUR, NACH 1961

ARMMUSKULATUR, NACH 1930

der Muskelfasern durch Bindegewebe oder jene als Sehnen bekannten zugfesten Kollagenfasern, welche die Bewegungsimpulse auf die Knochen übertragen.

X- und O-Beine (Gipsabgüsse, entstanden 1912-1945) sind manchmal mehr als nur ein „Figurproblem". Als Ergebnis von einseitigem Verschleiß, gestörtem Knochenstoffwechsel oder Knochenbrüchen bergen sie auch gesundheitliche Risiken, da die betroffenen Gelenke stark belastet werden. Zahllose Fußmodelle aus der Lehrmittelproduktion des Museums – in Holz, Gips, Wachs, Cellon und Papiermaché – haben seit 1911 Funktionsweisen und Deformierungen der Füße dargestellt. Da finden sich Spreizfuß und Senkfuß, Ballenzeh und Krampfader, Spitzfuß und Klumpfuß. Dass solche Fehlentwicklungen zuweilen nicht einfach Schicksal sind, hebt mahnend die Moulage „Fußverbildung durch Tragen zu engen Schuhwerkes" (um 1930) hervor. So modekritisch würde heute nicht mehr geurteilt werden. Schuhe mögen drücken und zu Fußverformungen beitragen, doch deren Hauptursache liegt heute in den Wohlstandsländern eher in zuwenig Bewegung und einer entsprechend schwach ausgebildeten Muskulatur.

Der Verlust von Gliedmaßen wurde besonders in Folge der beiden Weltkriege zu einer Herausforderung für die Rehabilitationsmedizin. Das

MODELLE VON O-BEIN UND X-BEINEN

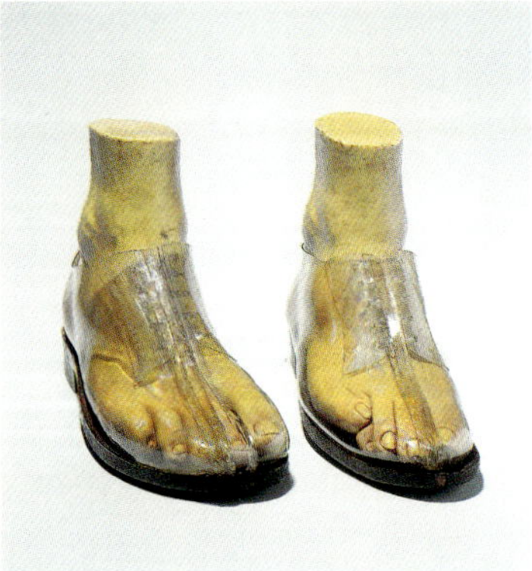

FUSSVERBILDUNG DURCH SCHUHWERK

Deutsche Hygiene-Museum, dessen frühe Jahre in die Zeit des Ersten Weltkriegs fielen, musste sich des Themas bald annehmen. Den Film „Ausbildung der Füße als Hände" (1915) hat noch Karl August Lingner selbst initiiert – zur Ermutigung der Kriegsversehrten. Zu sehen ist der ohne Arme geborene Carl Hermann Unthan (1848-1929), der die Funktionen seiner Füße und Zehen auf beeindruckende Weise erweitert hatte. Er konnte sie zum Anziehen, Rasieren und Schreiben benutzen. Seinen Lebensunterhalt verdiente er sich vor begeistertem Publikum als Kunstschütze und Geigenspieler im Zirkus. Unthans rechter Fuß ist in der Ausstellung durch Repliken zweier direkt von seinem Körper abgenommener Gipsabgüsse (1884) belegt.

Die vielfältigen und differenzierten Bewegungsmöglichkeiten einer menschlichen Hand, deren anatomische Grundlage eine „Gläserne Hand" (nach 1960) für die Besucher sichtbar macht, konnte eine hölzerne Handprothese von 1870 nicht ersetzen: Trotz der beweglichen Fingerglieder diente sie vermutlich dazu, den Eindruck äußerer Unversehrtheit zu wahren. Die Oberarmprothese (Schweiz, um 1920) nach einer Entwicklung des Chirurgen Ferdinand Sauerbruch (1875-1951) hingegen ließ willkürliche Bewegungen durch die verbliebene Armmuskulatur zu. Der Forschungsstand der Prothetik stand damals in einem recht genauen Verhältnis zu den wirtschaftlichen Konjunkturen. Während des Krieges (1914-1918) und unmittelbar danach kam es auf die rasche Wiederherstellung der Arbeitskraft auch der Kriegsinvaliden an; in den Jahren des Arbeitskräfteüberschusses dagegen erlahmte die Forschung.

Das Modell eines stark vergrößerten Herzes mit teilweise entfernter Herzwand (1995) bietet einen Einblick in das Hochleistungsorgan des menschlichen Körpers: Das Herz eines Erwachsenen in Ruhe schlägt etwa 70mal pro Minute und pumpt

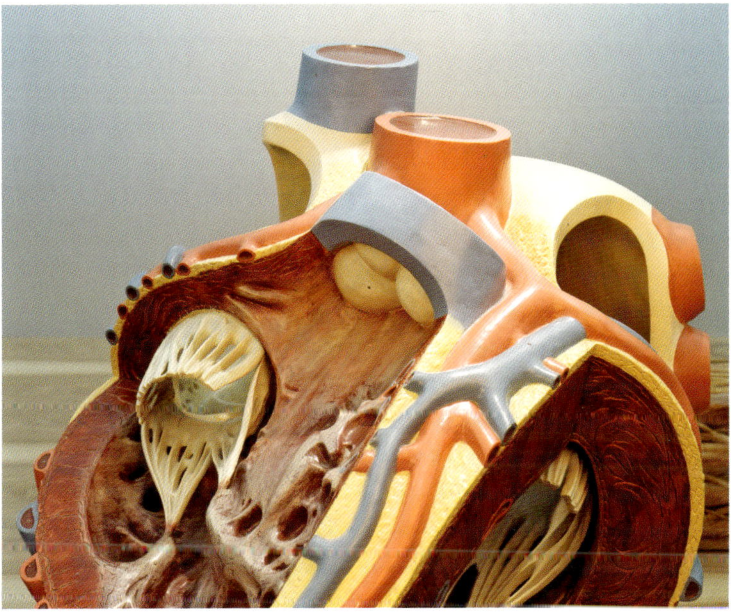

MENSCHLICHES HERZ (MODELL), 1995

dabei fünf Liter Blut durch den Körper, die etwa der Gesamtmenge des Bluts entsprechen. Täglich bewegt das Herz also 7200 Liter. Da sich bei körperlicher Anstrengung Schlagfrequenz und Schlagvolumen erhöhen, kann die Pumpleistung bis auf das Fünffache wachsen. Besucher, die diese Leistung an einer Pumpe erproben wollen („Die Pumpleistung des Herzens"), werden rasch merken, wie schnell ihre Hand ermüdet, während ihr Herz ein Leben lang unentwegt und zumeist unbemerkt den Blutkreislauf in Gang hält.

Auch was die verschiedenen „Herztöne" bedeuten, können die Ausstellungsbesucher verstehen lernen – bis hin zu verdächtigen Herzgeräuschen, die entstehen, wenn sich die Klappen nicht mehr richtig schließen oder öffnen können, wodurch der Blutstrom verwirbelt wird. Das jeweilige Elektrokardiogramm (EKG) zeichnet die elektrischen Stromkurven der Herztätigkeit auf. Ein Saitengalvanometer nach Einthoven (Frankreich, um 1922) verweist auf die Frühzeit dieser Technik, mit der sich die schwachen elektrischen Herzsignale verstärken ließen. Die Diagnose von Herzkrankheiten wurde mit diesem Gerät wesentlich erleichtert. Im Jahre 1903 in Anlehnung an ein Empfangsgerät für die Überseetelegrafie entwickelt, trug sie seinem Erfinder, dem holländischen Arzt Willem Einthoven (1860-1927), im Jahr 1924 den Nobelpreis ein.

Herz-Kreislauf-Erkrankungen sind in den Industrienationen die häufigste Todesursache. Feuchtpräparate zeigen krankhaft veränderte menschliche Herzen: eines mit verdickter Wand der linken Kammer, Symptom einer Mehrbelastung etwa durch Bluthochdruck, oder das extrem vergrößerte „Cor Bovinum“ (Ochsenherz) eines 59-Jährigen, Folge einer erhöhten Herzaktivität, wie sie zum Beispiel durch eine schwere Herzschwäche oder die Fehlfunktion mehrerer Herzklappen ausgelöst werden kann. Vergrößerte Modelle normaler und arteriosklerotisch veränderter Arterien (nach 1930) veranschaulichen Ablagerungen, die zu erschwertem Blutdurchfluss führen – mit den Folgeerkrankungen Herzinfarkt und Schlaganfall. Bewegungsmangel und enge Kleidung können die Bildung von Krampfadern begünstigen, einer Fehlfunktion der Venenklappen, die meist auf einer Bindegewebsschwäche beruht und zu Rückstrom und Stau des Bluts führt. Eine Moulage aus der Zeit nach 1945 (Originalabformung 1900-1912) bildet ein Bein mit ausgeprägten Krampfadern (Varizen) und Besenreisern ab, die schon immer ein kosmetisches Problem, aber auch ein erhöhtes Thromboserisiko darstellten.

Herzrhythmusstörungen sind die häufigste Ursache des plötzlichen Herztods, an dem in Deutschland jährlich etwa 130.000 Menschen sterben. Behandelt werden die Störungen mit künstlichen Impulsgebern: mit Herzschrittmachern, wenn das Herz zu langsam oder gar nicht mehr schlägt, und mit Defibrillatoren,

SAITENGALVANOMETER, UM 1922

wenn das Herz so schnell schlägt („Kammerflimmern"), dass keine Pumpleistung mehr erfolgt. Die Ausstellung zeigt eine Kollektion solcher Hilfsmittel, angefangen mit einem Modell des ersten implantierbaren Herzschrittmachers von 1958, den der Chirurg Ake Senning in Stockholm unter die Bauchdecke des Patienten setzte; eine Schuhcremedose diente als Gussform für den Kunstharz, der die elektronischen Bauteile einschloss. Moderne Schrittmacher sind im Vergleich zu früheren Geräten sehr klein und haben eine deutlich längere Lebensdauer (etwa zehn Jahre). Zudem reagieren sie auf Eigenimpulse des Herzes und passen sich verschiedenen Belastungssituationen an.

Die Zellen brauchen Sauerstoff für die „innere Atmung", die Verbrennung von Nährstoffen zur Energiegewinnung, bei der Kohlendioxid entsteht. Ein Medianschnitt durch den Kopf und oberen Halsteil (Papiermaché, 1950-1960) zeigt die Luftwege durch Nasen- oder Mundhöhle bis in die Luftröhre. Weitere Präparate und Modelle demonstrieren den inneren Aufbau dieses Atmungsapparates, der mit Schleimhäuten und Flimmerhärchen unerwünschte Staubpartikel aussondert und schließlich den Gasaustausch zwischen Lunge und Blut bewerkstelligt: in über 300 Millionen Lungenbläschen, winzigen Hohlräumen am Ende der sich verzweigenden Bronchien, die von einem Netz aus Blutkapillaren umgeben sind. Dem Holzmodell eines Bronchialbaumes (1959) sind Gläser mit Proben von arbeitsplatzspezifischen Verschmutzungen der Luft beigesellt, die zu Entzündungen, chronischer Bronchitis oder narbigen Umbildungen des Lungengewebes führen kann: Es handelt sich um Stäube von Kupfer, Zink und Blei, von Gerste aus einer Brauerei oder Holzkohle aus einem Meiler. Auch normaler Wohnungsstaub ist in dieser Sammlung vertreten.

ERSTER HERZSCHRITTMACHER VON 1958 (NACHBILDUNG)

WIE BEWEGUNG WIRKT

Bewegung ist eine Voraussetzung für Gesundheit, deshalb ermöglicht dieser Raum des Museums den Besuchern nicht nur spielerische „Leibesübungen" – selbst ein Tänzchen darf gewagt werden –, sondern auch eine Überprüfung der eigenen Fitness. Ursachen für Bewegungsmangel und einseitige Belastung sind zum einen bestimmte Bedingungen der Arbeitswelt, zum anderen der individuelle Hang zur Bequemlichkeit.

In die Frühzeit des gezielten Muskeltrainings zu therapeutischen Zwecken führt eine Serie von heilgymnastischen Apparaten (um 1910) zurück. Entwickelt hat sie der schwedische Arzt Gustav Zander (1835-1920), der 1865 in Stockholm sein erstes Institut einrichtete. Um 1900 gab es weltweit bereits über 100 solcher Institute, 62 davon allein in Deutschland, wo das „Zandern" bis nach dem Ersten Weltkrieg besonders beliebt war. Der Prospekt des Dresdner Zander-Instituts, gegründet 1889, zählt

BLICK AUF DIE ZANDER-GERÄTE, UM 1910

– neben unmittelbar einleuchtenden Therapien – von der Wanderniere bis zur Migräne ein recht weites Spek-trum körperlicher Leiden auf, deren Linderung vermöge solcher Geräte in Aussicht gestellt wurde. Bemer-kenswert sind die Vorteile, die der Maschine gegenüber dem Heilgym-nasten zugeschrieben werden, leiten sie doch bereits zur Idee moderner Fitness-Studios und ihrer hoch indi-vidualisierten Form der Leibesertüch-tigung über: Die Maschine vermeide die „unkontrollierbare Kraftäußerung" und die „Unannehmlichkeiten ... zweier längere Zeit ... miteinander arbeitenden und atmenden Men-schen". Zander-Geräte für die aktive Muskelarbeit berücksichtigten durch die Verwendung eines beschwerten Hebels die physiologische Kraftkurve des Muskels, andere wurden mit Mo-toren angetrieben und dienten etwa zur maschinellen Massage.

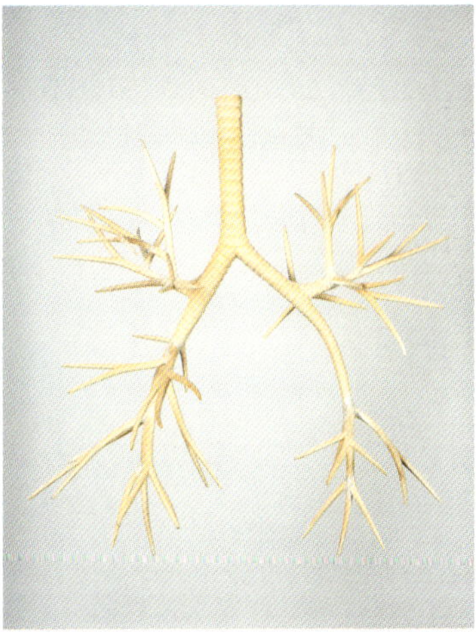

BRONCHIALBAUM, 1959

Vier Faktoren bestimmen nach wie vor die körperliche Leistungsfähig-keit, die es für einen reibungslosen Bewegungsablauf zu trainieren gilt: Kraft, Ausdauer, Beweglichkeit und

BEISPIELE AUS DER STÄUBESAMMLUNG (LEIHGABE)

Koordination. An einer „Balancierstrecke" und weiteren Stationen, von denen zwei zur Grundausstattung eines Sportstudios gehören, können die Besucher sich selbst testen. Der Urtyp eines Kraftsportgeräts aus der Zeit um 1920 entstand wahrscheinlich im Eigenbau; mit ihm wurden vermutlich Oberschenkel- und Gesäßmuskeln trainiert. Schließlich hat körperliche Anstrengung auch ein oder besser: verschiedene Gesichter, wie eine Serie von Gipsplastiken zeigt, die „Violent Effort", „Breathlessness", „Final Exhaustion" und „Fatique" eines Athleten darstellen. Es handelt sich um Arbeiten des aus Kanada gebürtigen Arztes, Hochschullehrers und Künstlers Robert Tait McKenzie (1867-1938), der sich um die Sport- und Rehabilitationsmedizin verdient gemacht und zugleich ein umfangreiches skulpturales Werk – Medaillen, Statuen, Kriegerdenkmäler – hinterlassen hat.

OPTIMIERUNG UND BESCHLEUNIGUNG

Im Laufe der Evolution und der Entwicklung der Spezies Mensch hat sich der Bewegungsapparat veränderten Habitaten angepasst. Diese Anpassung ist keineswegs abgeschlossen. Die Entwicklung der modernen Verkehrsmittel machte mit der Einführung der Eisenbahn einen entscheidenden Sprung – hin zu einer drastischen Verkürzung von Zeit und Raum, die unvorstellbare neue Handlungsmöglichkeiten eröffnete, aber mit spezifischen körperlichen Belastungen bezahlt werden musste. Einst hatten lange Fußmärsche oder Ritte Skelett und Muskulatur unmittelbar angestrengt, später zogen schlecht gefederte Kutschen und holprige Chausseen den Organismus in Mitleidenschaft. Bei der Eisenbahn war es die maschinelle Gleichförmigkeit von Stoß, Geräusch und Vibration sowie die erschöpfende Monotonie der Bewegung, die um die Mitte des

ANGESTRENGTE GESICHTER NACH ROBERT TAIT MCKENZIE

BLICK IN DEN SAAL „BEWEGUNG"

19. Jahrhunderts Ärzten Anlass zur Sorge gab. Alle Verkehrsmittel zuvor und danach – die Ausstellung lässt sie in einer Medieneinheit Revue passieren – erzwangen neue Anpassungsleistungen, ohne dass sich ökonomisch gebotene Innovationen davon je hätten aufhalten lassen.

Das Maschinenzeitalter brachte jedoch nicht nur eine generelle Beschleunigung mit sich, es verlangte auch eine Rationalisierung der menschlichen Bewegung mit dem Ziel ihrer Optimierung und Eingliederung in industrielle Prozesse. Dazu bedurfte es auch verfeinerter Analysemöglichkeiten: Im letzten Drittel des 19. Jahrhunderts gelang durch Verwendung extrem kurzer Belichtungszeiten eine Aufspaltung von Bewegungsabläufen in einzelne Sequenzen. Die entstandenen Fotoserien, so genannte Chronofotografien, zeigten Details des Bewegungsflusses, die der Betrachtung mit bloßem Auge nicht zugänglich waren. Die Chronofotografie regte den amerikanischen Betriebsingenieur F. B. Gilbreth (1868-1924) am Beginn des 20. Jahrhunderts zu seinen Bewegungsstudien an. Dazu zeichnete er den Verlauf einer am bewegten Körperteil befestigten Lichtquelle auf und übertrug die Lichtkurven in dreidimensionale Drahtgebilde. Einige davon hat das Museum rekonstruiert – ohne Kenntnis der menschlichen Bewegungen, die sie wiedergeben, wirken sie wie abstrakte Skulpturen.

RAUM 7
SCHÖNHEIT, HAUT UND HAAR

Der letzte Raum des Ausstellungsrundgangs im Deutschen Hygiene-Museum steht im Zeichen der Schönheit, genauer: der vielgestaltigen Hilfsmittel, mit denen Menschen ihren Körper im Lauf der Geschichte unterschiedlichen Idealen anzupassen versuchten. Keinem Körperteil wurde und wird dabei so viel Aufmerksamkeit geschenkt wie der Haut und dem Haar. Den Begriff der Hygiene gilt es weit zu fassen – die Grenzen zwischen Körperreinigung und -pflege und „nur verschönernder" Kosmetik sind offen.

Die Haut ist das größte und das vielseitigste Organ des Menschen. Äußerlich gleicht kaum ein Stück Haut dem anderen, außerdem ändert sich im Lauf des Lebens die gesamte Hautstruktur. Auf einem Quadratzentimeter findet man durchschnittlich 200 Schmerz- und 100 Druck-, 12 Kälte- und 2 Wärmesinneszellen, 100 Schweiß- und 40 Talgdrüsen. Die Haut ist ein Spiegel der Seele: Sie errötet vor Ärger, Scham, Freude, Erregung; sie erblasst vor Schreck, schwitzt vor Angst und wird bei Furcht oder Ekel zur „Gänsehaut". Schnittmodelle aus Holz (um 1955) zeigen Haut mit erweiterten und verengten Kapillargefäßen, die auf einen vermehrten oder verminderten Blutzustrom hinweisen.

Moulagen (nach Originalabformungen der 1950er Jahre) repräsentieren die meist verbreiteten Hauterkrankungen: Akne, Schuppenflechte und Neurodermitis. Unter den berufsbedingten Leiden stehen heute Hautkrankheiten obenan. In den meisten Fällen handelt es sich um Kontakt- oder Abnutzungsekzeme. Die ausgestellten Moulagen zu berufsbedingten Hautkrankheiten gehen auf Abformungen zurück, die bereits für die I. Internationale Hygiene-Ausstellung 1911 hergestellt worden waren – wie die durch Formalin zerstörten Fingernägel eines Laboranten oder die Hand eines Chemiearbeiters mit einem Gangrän, einem Geschwür, das durch die stark ätzende und giftige Substanz Carbol (Phenol) verursacht wird. Andere Hände zeigen die schädigende Wirkung von chromhaltigem Zement, Fotochemikalien, Terpentin, Teer. Bestimmte Berufsgruppen wie beispielsweise Möbelpolierer und Lackierer sind spezifischen Hautgefährdungen besonders ausgesetzt.

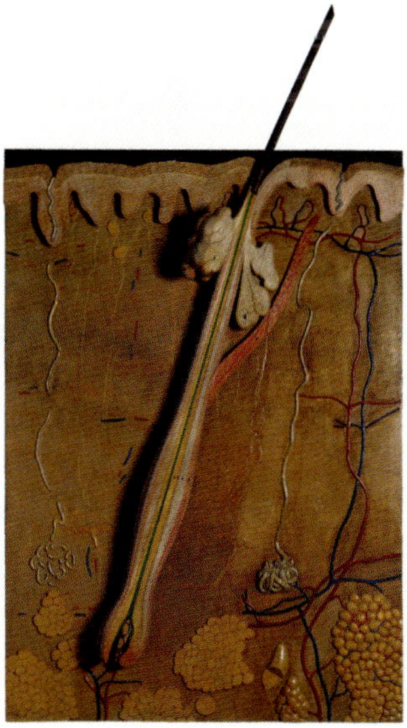

HAUTQUERSCHNITT (MODELL), UM 1955

DIE SAMMLUNG SCHWARZKOPF

Der Rundgang durch die neue ständige Ausstellung beginnt – wie die Geschichte des Deutschen Hygiene-Museums selbst – bei einem innovativen Unternehmer und seinem revolutionären Produkt, das Hygiene und Kosmetik in sich vereinte: bei Karl August Lingner und „Odol". So ist es nur konsequent, wenn auch am Ende ein Markenname steht, der ein kulturelles Vermächtnis bedeutet: die kosmetikhistorische Sammlung Schwarzkopf, die sich seit 1995 als Leihgabe im Museum befindet. Der Firmengründer Hans Schwarzkopf war ab 1898 Inhaber einer kleinen Drogerie in Berlin. Wie es in seinem Beruf damals üblich war, stellte er viele Artikel selbst her, von der Schuhcreme bis zum Haarwasser. Seit 1903 verkaufte er das Haarwaschmittel „Schaumpon", welches das Markenzeichen des „Schwarzen Kopfes" international bekannt machte. Es ersetzte die bislang auch für die Haarwäsche gebräuchliche Kernseife. Im Jahre 1927 brachte Schwarzkopf die ersten flüssigen Shampoos in den Farbrichtungen „Blond" und „Dunkel" auf den Markt; 1933 das erste seifenfreie Flüssigshampoo „Onalkali", Vorbild aller heutigen Shampoos. Auch nach dem Zweiten Weltkrieg hat das Haus Schwarzkopf weiter Kosmetikgeschichte geschrieben.

Die seit den 1950er Jahren von der Unternehmerfamilie zusammengetragene Sammlung Schwarzkopf ist eine der weltweit größten Spezialsammlungen zur Geschichte der Schönheits- und Körperpflege. Ihre Schwerpunkte sind die Berufsgeschichte der Bader, Barbiere, Perückenmacher und Friseure, Kosmetik, Haar- und Körperpflege, Mode und Accessoires. Das Thema Haut und Haar ist in der Sammlung weit gefasst, es reicht bis zu den „Haarbildern", Kunstwerken aus geflochtenem Haar, die als Wandschmuck in den 1770er Jahren aufkamen und noch im 19. Jahrhundert vielfach als Andenken an lebende oder verstorbene Angehörige, als Erinnerung an wichtige persönliche Ereignisse wie etwa Hochzeiten hergestellt wurden.

Das älteste Stück der Sammlung, eine sumerische Schminkpalette in aufklappbarem Etui, ist um das Jahr 3000 v. Chr. zwischen Euphrat und Tigris entstanden. Die halbfeste Schmink- oder Pflegepaste füllte die Vertiefung der Palette aus, das Etui schützte sie vor Licht und Verunreinigungen. Dass natürliches Haar keineswegs in allen Kulturen als Zeichen der Schönheit galt, belegt ein anderes frühes Sammlungsob-

BLUMENGEBINDE AUS HAAR, 19. JH.

SUMERISCHE SCHMINKPALETTE, 3000 V. CHR.

jekt, ein altägyptisches Toilettengerät mit Pinzette und Rasiermesser (neues Reich, 18. Dynastie, um 1360 v. Chr.): Am Nil trugen Männer wie Frauen Perücken, während die eigene Körperbehaarung als unrein und ungepflegt empfunden wurde. Kleine, handliche Enthaarungssets wie die Rasiermesser-Pinzette-Kombination waren daher weit verbreitet. Ein Kantharos aus Ton (Apulien 330-320 v. Chr.) zeigt auf der einen Seite eine vornehm gekleidete Frau auf einem Felsensitz, die mit Spiegel, Fächer und einer Schatulle (?) hantiert, während ein geflügelter und geschmückter Eros auf der Gegenseite sie in allem nachahmt. Frauen bei der Toilette sind in der griechisch-römischen Antike ein häufiges Thema. So bei einer Tonfigur (Griechenland, Ende 4.-3. Jahrhundert v. Chr.), die eine Frau bei der Überprüfung ihrer Frisur mit Hilfe ihres Handspiegels wiedergibt. Für das Studium von Frisuren der Antike bietet die Sammlung Schwarzkopf reiches Anschauungsmaterial, so

FRISIERSZENE, 5.-4. JH. V. CHR.

FAUSTINA MINOR, 2. JH. V. CHR.

den Marmorkopf eines Mädchens (römisch, 2. bis frühes 3. Jahrhundert n. Chr.), der wohl von einem Sarkophag stammt. Die Frisur wird wegen der parallel verlaufenden Rippen „Melonenfrisur" genannt; vor allem junge Frauen trugen sie. Manche Frisuren haben sogar historischen Zeugniswert: Der Porträtkopf der Faustina minor (Mitte 2. Jahrhundert n. Chr.), Frau des Kaisers Marc Aurel, weist die „Stirnschlaufenfrisur" auf, die – eigens für sie entworfen – auf Münzen Verbreitung fand, als Faustina etwa 17-jährig ihre erste Tochter Domitia Faustina zur Welt brachte. So entstand ihr so genannter erster Bildnistyp. Noch 8 weitere Bildnis- bzw. Frisurtypen feierten Faustinas Folgegeburten und somit die Fruchtbarkeit des römischen Kaiserhauses.

Wie das Zimmer einer Dame der campanischen Oberschicht eingerichtet war, zeigt der Aufsatz eines Toilettetisches (Travertin, Stuck, Bronze, Marmor, 1. Jahrhundert v. Chr.) mit einem vermutlich sehr viel älteren Spiegel. Dass Duftessenzen auch damals kostspielig waren, demonstrieren Beispiele für die griechische Lekythos, eine schlanke Gefäßform mit tulpenförmiger Öffnung, die griechische Töpfer für Duftöle herstellten. Der Öffnungsteller, der jeden überschüssigen Tropfen ins dunkle Gefäßinnere zurückleitet, garantierte sparsamen Verbrauch. Zur besseren Haltbarkeit verschloss man das Gefäß mit Kork, Wachs oder einem zusammengerollten Baumwollstreifen. Ein schönes Stück (Attika, 2. Viertel 4. Jahrhundert v. Chr.) zeigt eine Entschleierungsszene beim Hochzeitsbankett.

Schönheitspflege entfaltete sich zu allen Zeiten in einem Wechselspiel zwischen ästhetischen und hygienischen Interessen. Wohlgeruch

AUFSATZ EINES TOILETTETISCHES, 1. JH. V. CHR.

zum Beispiel verband sich in der Neuzeit zunächst stark mit medizinisch-präventiven Erwartungen. Ein silberner Bisamapfel (deutsch, 16. Jahrhundert) etwa, der mit stark riechendem Bisam (indisch: Moschus) und weiteren Gewürzen gefüllt war, sollte der Reinigung der Luft dienen – denn „schlechter Luft" wurde die Übertragung von Krankheiten wie etwa der Pest zugeschrieben. Noch im 18. Jahrhundert verbreiteten Parfümverdampfer in Innenräumen Duftessenzen aus Salz, Blüten, Kräutern und Gewürzen; die Ausstellung zeigt Beispiele aus Porzellan, Bronze

LEKYTHOS AUS ATTIKA, 4. JH. V. CHR.

PARFÜMVERDAMPFER, UM 1870

oder Messing. Der „Ersten Hilfe", vor allem bei durch enge Korsetts hervorgerufenen Ohnmachten, dienten die um 1750 aufgekommenen, aber erst im 19. Jahrhundert weit verbreiteten Riechfläschchen. Sie enthielten stechende Riechsalze, belebende Substanzen wie Ammoniak, Phenol, Eukalyptus und Menthol. Da die ätzende Wirkung des Ammoniaks klares Glas bald getrübt hätte, bevorzugte man Farbglas oder undurchsichtiges Opalglas, wie es zum Beispiel ein Riechfläschchen in Form eines Horns (England, Ende 19. Jahrhundert) aufweist.

Von Duftölen einmal abgesehen, waren vor dem 17. Jahrhundert nur feste Duftstoffe bekannt. Holz, Elfenbein, Porzellan, Zinn, Eisen, Bergkristall, Silber und Gold – es gab kaum einen Werkstoff, der nicht zu Duftbehältnissen verarbeitet wurde. Bis zur Einführung von Porzellan und Glas wurden Duftbehältnisse fast ausschließlich als Unikate aus Gold oder Silber hergestellt. Meißen fertigte ab 1730 die ersten Porzellanflakons in Deutschland. Sie blieben bis ins 19. Jahrhundert sehr beliebt, doch hatte mit der Verwendung von flüssigem Parfüm bereits seit der zweiten Hälfte des 17. Jahrhunderts die Geschichte der Glasflakons begonnen. Unzählige Neuerungen in der Glasherstellung wie Bunt-, Milch- und farbige Opalgläser spiegeln sich in den Flakons wider. Europäische Herstellungszentren waren Glashütten in Venedig, England, Böhmen und Frankreich. Die industrielle Herstellung von Parfümflakons mit unverwechselbarem Erscheinungsbild stellte auch eine interessante Herausforderung für Künstler dar. Die Sammlung enthält eine Reihe von Arbeiten von René Lalique (1860-1945) aus den 1920er Jahren. Lalique, der 1890 ein Juweliergeschäft in Paris eröffnet hatte, beeinflusste mit seinen Entwürfen entscheidend das Schmuckdesign des Jugendstils. Nach 1909 wandte er sich ganz der Kreation von Parfümflakons für große Hersteller wie Coty oder Roger et Gallet zu.

Der in Süddeutschland aus Kristallglas gefertigte Henkelkrug eines Baders aus dem Jahr 1768 trägt die Aufschrift „Ich bin ein guter Bader/ Ich scher und laß auch Ader/ Und lasse vieles Blut/ den kranken Leib zu gut". Der Bader war zugleich Barbier und „Handwerksarzt", er zog Zähne und praktizierte insbesondere den Aderlass, d.h. den kontrollierten Blutfluss zur wirklichen oder vermeintlichen Linderung zahlreicher Leiden. Sein merkwürdiger Beruf verkörperte einen unmittelbaren Zusammenhang von Schönheitspflege und Medizin. Gegen Ende des 18. Jahrhunderts verlor ein weiteres dem Haar gewidmetes Handwerk an Bedeutung: das des Perückenmachers. Nachdem 1656 der französische König Ludwig XIV. am führenden Hof Europas 48 „Hof-Perruquiers" ernannt hatte, verbreitete sich die neue Mode rasch auf dem Kontinent. Die Sammlung Schwarzkopf verfügt über hervorragende Stücke, die Arbeitsgeräte und Produkte solcher Haarkünstler illustrieren, insbesondere Perückenköpfe und -ständer aus dem 18. Jahrhundert, die das passgenaue Anfertigen, Aufarbeiten und Aufbewahren des Haarschmucks ermöglichten. Perückenköpfe wurden bei Holzschnitzern in Auftrag gegeben, in Lindenholz hergestellt und bemalt, so dass sie die individuellen Züge des Kunden trugen. Nachweisen lässt sich dies

FLAKON, ENGLAND, UM 1790

FLAKON, BÖHMEN, 1920ER JAHRE

FLAKON VON LALIQUE, 1920ER JAHRE

WEIBLICHER PERÜCKENKOPF, UM 1700

etwa am Perückenkopf des Markgrafen Carl Wilhelm Friedrich von Ansbach-Bayreuth (um 1712–1757).

Zur Perückenmode gehörte das tägliche Pudern, wozu man sich wertvoller Puderbesen bediente. Unser Beispiel (Augsburg, 18. Jahrhundert) ist in Silber gefasst, die Haare bestehen aus Feh, dem Rückenpelz einer nordosteuropäischen Eichhörnchenvariante. Die imposanten Perücken hatten allerdings hygienische Schattenseiten, auf die eine Flohfalle aus Elfenbein hinweist. Das natürliche Kopfhaar kam nie mit Wasser, sondern ausschließlich mit Haarölen und Pomade auf der Basis tierischer Fette in Berührung. Unter den kompakten Frisurengebilden samt Unterbauten aus Rosshaar bildete sich ein ideales Mikroklima für Ungeziefer. Mit Flohfallen, gefüllt mit Lockstoffen wie zum Beispiel Blut, versuchte man die

HENKELKRUG EINES BADERS, 1768

„Kopftierchen" zu bekämpfen. Dennoch: Es war eine große Zeit der künstlich überformten Körper. Eine Mouchedose von 1770 erinnert an die Ende des 16. Jahrhunderts aufgekommenen Schönheitspflästerchen („Mouches") aus rückseitig gummiertem schwarzem Taft, Samt oder Papier. Mit ihnen ließen sich nicht nur Hautunreinheiten verbergen, sondern wirkungsvolle Kontraste zur weißen Gesichtshaut erzeugen. Auch Männer benutzten reichlich Schminke oder parfümierten Gesichtspuder aus fein gemahlenem Talkstein (Talkum), der in der ausgestellten Herren-Puderdose mit Quecksilberspiegel (deutsch, 1690-1720) aufbewahrt wurde. Eine Poudreuse, ein Toilettentischchen aus Palisander- und Rosenholz (Frankreich, um 1750), gibt einen Eindruck von den Orten der Schönheitspflege im „galanten Zeitalter", als die Gäste empfangen wurden, während man sich frisieren ließ.

Die in zahllosen Karikaturen verspotteten Hochfrisuren des Rokoko verloren bereits seit 1780 an Höhe und gewannen an Breite. Haarschmuck wie Federn und Blumen erreichten gewaltige Ausmaße, wie ein Damenbildnis des Turiner Hofmalers Laurent Pecheux (1729-1821) zeigt, das um 1785 entstand. Für komplizierte Damenfrisuren unverzichtbar waren Gerätschaften zum Befestigen, die zugleich als Schmuck dienten: Schmuckkämme, Diademe, Krönchen, Aigretten, Haarpfeile und -nadeln. Profane Zweckkämme, die vor der Einführung der Haarwäsche nicht zuletzt der Reinigung dienten, haben sich nur selten erhalten. In

MOUCHEDOSE, SÜDDEUTSCHLAND, UM 1770

der Ausstellung werden etwa ein Kamm aus Schildpatt, der um 1680 in Jamaika hergestellt wurde, oder ein Silberkamm mit Rocaille-Verzierung des Griffes (Johann Wilhelm Weiss, Nürnberg, 1776-1780) gezeigt.
Die männliche wie weibliche Sehnsucht nach einer üppigen Lockenpracht dokumentieren vielerlei Gerätschaften – von der Brennschere des 18. Jahrhunderts bis zum Lockenwickler um 1930. „Frisieren" heißt eigentlich nichts anderes als kräuseln. Zum wichtigsten Werkzeug der Frisurengestaltung wurde daher seit 1630 die schon im Mittelalter bekannte Brennschere, mit der das Haar nach französischem Vorbild in Schneckenform eingewickelt und mit dem Eisen fixiert („papillotiert") wurde; doch das Problem der Haltbarkeit der Locken war damit noch lange nicht gelöst. Es war eine der stillen Revolutionen unserer Alltagskultur, als Karl Nestler 1910 das Patent für die Dauerwelle anmeldete, die sich aber erst mit der berühmten Reformfrisur „Bubikopf" der 1920er Jahre durchsetzte.

Mit der englischen Erfindung des Barthobels kam es im Jahr 1874 auch auf dem Feld der männlichen Bartpflege zu einem Umsturz. Es war die Geburtsstunde der Selbstrasur. Außerdem reduzierten Schutzbügel und der standardisierte Griff-Klingen-Winkel bald auch die notorische Verletzungsgefahr und den Zeitaufwand, wie der „Star Safety Razor" (New York, Ende 19. Jahrhundert) vorführt. Die Ausstellung geht detailliert auf die lange Vorgeschichte ein, während der man gut daran tat, die Rasur professionellen Barbieren zu überlassen. Das Necessaire aus Silber, Schildpatt und Rochenhaut wurde wohl um 1760 in Italien gearbeitet. Die besten

BILDNIS EINER DAME VON LAURENT PECHEUX, UM 1785

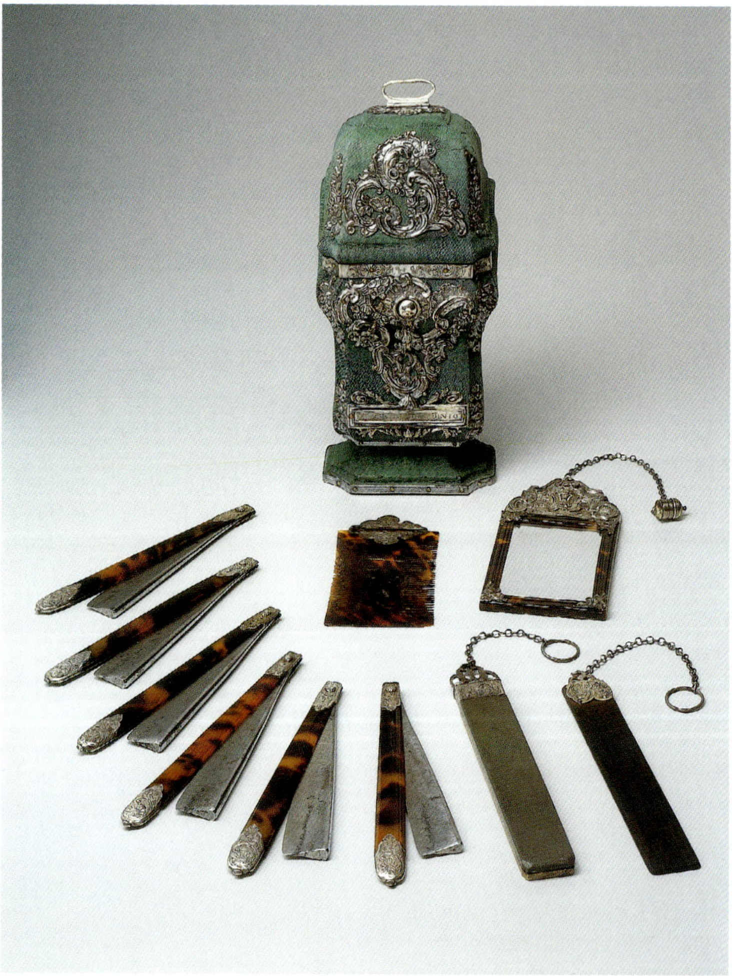

NECESSAIRE MIT RASIERZEUG, ITALIEN (?), UM 1760

Klingen kamen aus Sheffield in England und seit dem 19. Jahrhundert aus Solingen. Wegen der Rostgefahr wurden Rasiermesser nach jeder Rasur getrocknet und oft in einem dazugehörigen Etui vor Feuchtigkeit geschützt.

Eine kunstvolle Barttracht wurde im deutschen Kaiserreich zum Sinnbild der ganzen, ebenso optimistischen wie prahlerischen Epoche: der Schnurrbart Kaiser Wilhelms II. mit seinen nach oben gezwirbelten Enden. Geformt wurde er in François

LAVOIR AUS ZINN, UM 1800

Habys Berliner Frisiersalon, den Henry van de Velde 1901 in hochmodernem Jugendstil eingerichtet hatte – die Ausstellung zeigt einen originalen Arbeitsbereich mit Stuhl, Becken und Wandspiegel. Das Pathos des „Es ist erreicht!" diente Habys selbst produziertem Bartbindenwasser als werbewirksame Losung. Der schneidige Kaiserbart fand im ganzen Land Nachahmung – als Statussymbol, aber auch als politisches Bekenntnis.

Nach der ausführlichen Würdigung wohlriechender Öle, Salben, Puder und Parfüms und ihrer kostbaren Behältnisse stehen am Ende des Rundgangs Objekte der Sammlung Schwarzkopf, die an den Wert reinen Wassers erinnern. Es war nicht immer so verfügbar wie heute. Das schmucklose zweiteilige Lavoir aus Zinn (um 1800) in der Ausstellung besteht aus einem Behälter mit Wandaufhängung für das aus dem Brunnen geholte Wasser sowie einem Auffangbecken und ermöglichte wie viele ähnliche Vorrichtungen in kleinem Umfang fließendes Wasser in der Stube. Erst 100 Jahre später erlaubte die technische Infrastruktur der Städte eine flächendeckende Versorgung der Haushalte mit fließendem Wasser: eine unerlässliche Voraussetzung für jene Körperpflege im Dienst der Gesunderhaltung, die dem Deutschen Hygiene-Museum den Namen gab.

DAS KINDERMUSEUM
DER KINDER-ERLEBNISBEREICH IM DEUTSCHEN HYGIENE-MUSEUM

Wissen entsteht aus Erfahrungen – also brauchen Kinder Erfahrungen. Nur wenn sie aktiv werden, können sie das Lernen lernen. Diesem pädagogischen Prinzip folgt das Kindermuseum im Deutschen Hygiene-Museum, denn Kinder sind Entdecker. Sie erobern ihre Welt mit allen Sinnen, mit dem ganzen Körper, mit Logik und Unlogik, mit Gefühl und Phantasie. Das Kindermuseum bietet Raum für diese Entdeckerlust. Hier können Kinder mit Eltern und Freunden, Erziehern oder Lehrern lernen und experimentieren, hier dreht sich alles um die fünf Sinne und den Körper.

Ein Erlebnis- und Lernparcours führt auf etwa 500 Quadratmetern durch ganz unterschiedliche Räume – manchmal ist es heimelig wie bei der Großmutter, manchmal geht es aufregend zu wie in der Geisterbahn; mal ist es labyrinthisch, mal großzügig: Ein Dunkelbereich zum Beispiel, in dem man sich nur fühlend orientieren kann, steht neben kleineren Spiel- und Lernstationen; Angebote für alle Kinder neben solchen für die ganz Großen oder die ganz Kleinen; Museumsobjekte, zu denen man Geschichten und Wissenswertes hören kann, neben Mitmach-Installationen, an denen Kinder allein oder zu mehreren etwas tun können.

Der „Kinder-Garten" eröffnet zu einem späteren Zeitpunkt. Er wird unterschiedliche Aktionsflächen auf über 2000 Quadratmetern im Freien bieten: Spiellandschaft aus vielfältigen Materialien, „Geruchspfad", Barfuß-Weg mit wechselnden Bodenbelägen, Backofen, Kräutergarten, Spielgeräte.

FÜHLEN

KANN ICH IM GANZEN KÖRPER
GLEICH GUT FÜHLEN?

WARUM KANN ICH SCHNELLER FÜHLEN
ALS SEHEN?

HÖREN

WARUM HAT EIN ELEFANT ANDERE OHREN
ALS EINE MAUS?

KANN MAN MIT DEN FÜSSEN MUSIZIEREN?

WARUM HÖRE ICH MANCHE TÖNE ODER
GERÄUSCHE GERNE UND ANDERE NICHT?

SEHEN

WIE FUNKTIONIERT DAS AUGE?

WO HAT DER MENSCHLICHE SEHSINN GRENZEN?

SEHEN TIERE ANDERS ALS MENSCHEN?

SCHMECKEN UND RIECHEN

WOZU IST DIE ZUNGE DA?

WIESO HABEN TIERE ANDERE NASEN
ALS MENSCHEN?

MIT WIE VIELEN SINNEN KANN MAN ESSEN?

LITERATUR
AUSWAHL

GESCHICHTE DES MUSEUMS

Beier, Rosmarie; Roth, Martin (Hg.): *Der gläserne Mensch – Eine Sensation. Zur Kulturgeschichte eines Ausstellungsobjekts.* Berlin – Stuttgart 1990

Nerdinger, Winfried; Mai, Ekkehard (Hg.): *Wilhelm Kreis. Architekt zwischen Kaiserreich und Demokratie 1873-1955*, München-Berlin 1994

Schulte, Sabine: *Das Deutsche Hygiene-Museum in Dresden von Wilhelm Kreis. Biographie eines Museums der Weimarer Republik*, Diss. Bonn 2001

Vogel, Klaus (Hg.): *Das Deutsche Hygiene-Museum Dresden 1911-1990*, Dresden 2003

KATALOGE

Lepp, Nicola; Roth, Martin; Vogel, Klaus (Hg.): *Der Neue Mensch. Obsessionen des 20. Jahrhunderts*, Ostfildern-Ruit 1999

Deutsches Hygiene-Museum (Hg.): *Kosmos im Kopf. Gehirn und Denken*, Ostfildern-Ruit 2000

Stiftung Deutsches Hygiene-Museum, Deutsche Behindertenhilfe – Aktion Mensch e.V. (Hg.): *Der (im-)perfekte Mensch. Vom Recht auf Unvollkommenheit*, Ostfildern-Ruit 2001

Stiftung Deutsches Hygiene-Museum (Hg.): *Sex – Vom Wissen und Wünschen*, Ostfildern-Ruit 2001

Biesenbach, Klaus für das Deutsche Hygiene-Museum (Hg.): *Die Zehn Gebote. Eine Kunstausstellung*, Ostfildern-Ruit 2004

SCHRIFTEN DES DEUTSCHEN HYGIENE-MUSEUMS DRESDEN

Lepenies, Annette: *Wissen vermitteln im Museum*, Köln-Weimar-Wien 2003

Lutz, Petra; Macho, Thomas; Staupe, Gisela für die Aktion Mensch und die Stiftung Deutsches Hygiene-Museum (Hg.): *Der (im-)perfekte Mensch. Metamorphosen von Normalität und Abweichung*, Köln-Weimar-Wien 2003

Böhme, Hartmut; Gottwald, Franz-Theo; Holtorf, Christian; Macho, Thomas; Schwarte, Ludger; Wulf, Christoph (Hg.): *Tiere. Eine andere Anthropologie*, Köln-Weimar-Wien 2004

te Heesen, Anke; Lutz, Petra (Hg.): *Dingwelten. Das Museum als Erkenntnisort*, Köln-Weimar-Wien 2005

AUSSTELLUNGEN DES MUSEUMS SEIT 1990

Leibesvisitation. Blicke auf den Körper in fünf Jahrhunderten (1990/1991)

Feuerfest. Asbest – Zur Geschichte eines Umweltproblems (1991/1992)

Das Werktor. Grenze zwischen Arbeit und Freizeit (1991/1992)

Dialog im Dunkeln (1992)

Unter Null. Kunsteis – Kälte – Kultur (1992)

Die Elbe. Ein Lebenslauf (1992)

Kinder-Alltag. Zur Geschichte der Kinderkrippe in der DDR (1992/1993)

Das Bad. Körperkultur und Hygiene im 19. und 20. Jahrhundert (1992/1993)

In aller Munde. 100 Jahrre ODOL (1993/1994)

Unsichtbares sichtbar machen. Informationstechnik für den Menschen (1993)

Unter anderen Umständen. Zur Geschichte der Abtreibung (1993)

Darwin und Darwinismus. Eine Ausstellung zur Kultur- und Naturgeschichte (1994)

Körperbilder – Menschenbilder. Malerei, Zeichnung und Plastik aus Sachsen von 1945 bis 1994 (1994/1995)

KRANK warum? Vorstellungen der Völker, Heiler, Mediziner (1995)

Sehnsucht nach Vollkommenheit. Die Sammlung Schwarzkopf in neuem Licht (1995)

Gummi – Die elastische Faszination (1995)

Das menschliche Herz – Der herzliche Mensch (1995/1996)

Das große Sterben. Seuchen machen Geschichte (1995/1996)

Homöopathie 1796-1996. Eine Heilkunde und ihre Geschichte (1996)

Die Pille. Von der Lust und von der Liebe (1996)

100 Frauen. Selbstansichten (1996/1997)

Karl Albiker – Plastik, Zeichnung (1996/1997)

Sitzen. Über das Sitzen auf Stühlen (1997/1998)

Die Kuh – die Milch (1997)

„Wenn Mutti früh zur Arbeit geht ..." Zur Geschichte des Kindergartens in der DDR (1997)

Tastwege (1997)

Alt & Jung. Das Abenteuer der Generationen (1997/1998)

Gen-Welten. Werkstatt Mensch? (1998/1999)

Ungleiche Schwestern. Frauen in Ost- und Westdeutschland (1998)

Hauptsache gesund! Gesundheitsaufklärung zwischen Disziplinierung und Emanzipation (1998/1999)

Im Inneren des Körpers. Begehbare Körperskulpturen von Jan Niedojadlo (1999)

Der Neue Mensch. Obsessionen des 20. Jahrhunderts (1999)

Natur im Kopf. Fühlen – Wissen – Handeln (1999)

Fremdkörper – Fremde Körper. Von unvermeidlichen Kontakten und widerstreitenden Gefühlen (1999/2000)

Kosmos im Kopf. Gehirn und Denken (2000)

Der (im-)perfekte Mensch. Vom Recht auf Unvollkommenheit (2000/2001)

Bilder, die noch fehlten. Zeitgenössische Fotografie (2000)

Sex – Vom Wissen und Wünschen. (2001/2002)

Mensch und Tier. Eine paradoxe Beziehung (2002/2003)

science + fiction. Zwischen Nanowelt und globaler Kultur (2004)

Noch mal leben. Eine Fotoausstellung über das Sterben (2004)

Die Zehn Gebote. Politik – Moral – Gesellschaft. Internationale Kunstausstellung (2004/2005)

SPIELEN. Die Ausstellung (2005)

Evolution. Die Wege des Lebens (2005/2006)

IMPRESSUM

Herausgeber: Klaus Vogel

Textvorlagen und wissenschaftliche Mitarbeit an der Dauerausstellung:
Bodo-Michael Baumunk (Projektleitung und Raum 1)
Daniela Kratzsch (Räume 4, 5)
Susanne Kridlo (Räume 3, 5, 7)
Petra Lutz (Kindermuseum)
Kirsten Weining (Räume 2, 6)

Redaktion: Annette Macho

Prestel Verlag
Königinstraße 9
80539 München
Tel. +49 (0)89 381709-0
Fax +49 (0)89 381709-35
e-mail: info@prestel.de
www.prestel.de

Lektorat: Frauke Berchtig
Gestaltung und Herstellung:
KURZ:HAUG, Berlin
Reproduktion:
Reproline Mediateam, München
Druck und Bindung:
Passavia Druckservice, Passau

Die Deutsche Bibliothek verzeichnet diese Publikation in der Deutschen Nationalbibliografie; detaillierte bibliografische Angaben sind im Internet über http://dnb.ddb.de abrufbar

ISBN 3-7913-3371-2
Printed in Germany

Umschlagabbildung Titelbild:
Fassade bei Nacht
Frontispiz: Gläserne Frau
Umschlagabbildung Rückseite:
Raum 1: Der Gläserne Mensch
(s. S. 18)

Leihgeber (außer Sammlung Schwarzkopf)
Daniela Tannenberger (Berlin), 74 und 75 (oben)
The Health Museum of Cleveland, 73 (oben)
Hygiene Institut Hamburg, 101 (unten)

Fotografen-Nachweise
Archiv der Akademie der Künste, Berlin: 10; Herbert Boswank, Dresden: 24 unten; David Brandt, Dresden, Berlin: 21, 22, 25 unten, 27-31, 33, 41-43, 45-48, 56-58, 68, 72, 73, 75, 78, 84, 90, 97, 100, 103, 104, 107, 111, 114; Steffen Giersch, Dresden: 63, 122; Rolf Heselbarth: 24 oben; Werner Huthmacher, Berlin: Umschlagmotiv vorn und hinten, 6, 18, 36, 52, 64, 71 (Architektur: Gerhards & Glücker); Volker Kreidler, Berlin: 23, 35, 44, 55, 99; Werner Lieberknecht, Dresden: Frontispiz, 34, 81, 82, 85, 86, 87, 94-96, 98, 101, 102, 108-110, 112, 113, 115-119; Sandra Neuhaus, Dresden: 32; SLUB Sächsische Landes- und Universitätsbibliothek: 11

Mit freundlicher Unterstützung von:

Freistaat Sachsen
Landeshauptstadt Dresden
Beauftragte der Bundesregierung für Kultur und Medien
DKV Deutsche Krankenversicherung AG
Klaus Tschira Stiftung gGmbH
Henkel KGaA
Dresdner Stiftung für Soziales und Umwelt der Stadtsparkasse Dresden
Kieser Training AG
Charlotte Meentzen Kräutervitalkosmetik GmbH
GlaxoSmithKline GmbH & Co. KG

Die Beauftragte der Bundesregierung für Kultur und Medien

KTS
Klaus Tschira Stiftung gemeinnützige GmbH

Henkel
A Brand like a Friend

Deutsches Hygiene-Museum in Partnerschaft mit:

DKV
Deutsche Krankenversicherung